WhatsApp

optimal nutzen

Christian Immler

Markt+Technik

Bei der Erstellung von Texten und Abbildungen wurde mit größter Sorgfalt vorgegangen. Trotzdem sind Fehler nicht völlig auszuschließen. Verlag, Herausgeber und Autoren können für fehlerhafte Angaben und deren Folgen weder eine juristische Verantwortung noch irgendeine Haftung übernehmen. Für Anregungen und Hinweise auf Fehler sind Verlag und Autoren dankbar.

Die Informationen in diesem Werk werden ohne Rücksicht auf einen eventuellen Patentschutz veröffentlicht. Warennamen werden ohne Gewährleistung der freien Verwendbarkeit benutzt. Nahezu alle Hard- und Softwarebezeichnungen sowie weitere Namen und sonstige Angaben, die in diesem Buch wiedergegeben werden, sind als eingetragene Marken geschützt. Da es nicht möglich ist, in allen Fällen zeitnah zu ermitteln, ob ein Markenschutz besteht, wird das ®-Symbol in diesem Buch nicht verwendet.

ISBN 978-3-95982-058-5

Produktmanagement Christian Braun, Burkhardt Lühr
Lektorat, Herstellung Jutta Brunemann
Layout Merve Zimmer
Covergestaltung David Haberkamp
Coverfoto © georgejmclittle – Fotolia.com
Satz inpunkt[w]o, Haiger (www.inpunktwo.de)
Druck Media-Print Informationstechnologie GmbH, Paderborn
Printed in Germany

Inhaltsverzeichnis

1. WhatsApp installieren ... 7

Der Google Play Store ... 11
Der erste Start ... 14

2. Nachrichten schreiben ... 21

Text tippen ... 22
Kontakte suchen ... 24
Neue Nachricht kommt an ... 25
Tippen im Querformat ... 28
Wortvorschläge ... 28
Wischen statt tippen ... 29
Emojis ... 31
Text kopieren und einfügen ... 37
Nachrichten weiterleiten ... 40
Textformatierung ... 40
Was bedeuten die Häkchen bei den Nachrichten? ... 42
Wann wurde eine Nachricht gelesen? ... 43
Wichtige Nachrichten markieren ... 43
Chat als ungelesen markieren ... 45
Nachrichten durchsuchen ... 46
Nachrichten löschen ... 47

3. Bilder versenden ... 50

Bilder auswählen ... 50
Filter ... 51
Bildausschnitt wählen ... 52
Symbole in Bilder einbetten ... 54
Schreiben und Malen im Bild ... 55
Fotografieren mit WhatsApp ... 56
WhatsApp-Kamera auf dem Startbildschirm ... 58
Bilder an andere Personen weiterleiten ... 59

Bilder aus anderen Apps in WhatsApp versenden....61
Bilder aus WhatsApp in anderen Apps versenden oder weiterbearbeiten 62
GIFs finden und versenden 64
Videos versenden....65
WhatsApp-Fotos automatisch auf Google Fotos oder OneDrive sichern 66
WhatsApp-Fotos auf dem PC betrachten 67

4. Andere Daten versenden 70

Links versenden....70
Dokumente und andere Dateien versenden 72
Audioaufnahmen und Musik versenden....74
Standort versenden 75

5. Sprachnachrichten und Telefonieren 77

Sprachnachrichten aufnehmen und senden....77
Textnachrichten über Googles Spracheingabe aufzeichnen....78
Textnachricht in WhatsApp sprechen 80
Spracheingabe per Ok Google aktivieren....81
Telefonieren per WhatsApp....82
Verpasste Anrufe....83
Anruf mit Textnachricht beantworten....84
Videoanrufe....86

6. WhatsApp-Kontakte 87

Informationen zu Kontakten....87
Medienübersicht....88
Lästige Personen stummschalten....89
Kontakte blockieren....91
Kontakte versenden....91
Freund in Adressbuch übernehmen....93

Lieblingsfreunde auf dem Startbildschirm 94
Freunde zu WhatsApp einladen 95

7. Eigenes Profil 97

Profilbild ändern 97
Persönliche Info 100
Eigenen Namen ändern 101
Flüchtiger Status mit Bild oder Video 102

8. Gruppen 104

Gruppen anlegen 104
Nachrichten an Gruppen schreiben 106
Person in einem Gruppenchat erwähnen 107
Person aus einem Gruppenchat direkt ansprechen 108
Nachrichten zitieren 109
Gruppe stummschalten 110
Nachrichteninfo – wer hat die Nachricht schon gelesen 110
Nachrichten löschen 112
Gruppenmedien 112
Aufgaben des Gruppen-Admins 113
Broadcast-Nachrichten im Unterschied zu Gruppen 116

9. Wichtige Einstellungen 118

Nützliche Chat-Einstellungen 118
Hintergrundbilder 118
Benachrichtigungen 120
Besondere Klingeltöne für besondere Personen 121
Besonderen Personen schnell antworten 122
Nicht-stören-Modus für die Nacht 122
So viel Datenvolumen braucht WhatsApp wirklich 125
Datenverbrauch sparen 126
Tipps zu Mobilfunktarifen für WhatsApp 127

10. Nützliche Tipps und Tricks 129
Datensicherung auf der Speicherkarte 129
Datensicherung auf Google Drive 129
WhatsApp-Medien löschen, Speicherplatz freigeben 131
Wichtige Chats per E-Mail sichern 135
Chats archivieren 137
Texte automatisch übersetzen 137
Mobilnummer ändern 138
WhatsApp auf ein neues Smartphone übertragen 139
Was bedeutet »Warte auf diese Nachricht«? 139
Unbekannte tauchen in der Chatliste auf 140
WhatsApp blockiert Nummern von Spammern 141
WhatsApp auf Tablets ohne SIM-Karte 141
WhatsApp auf Android-Smartphones ohne Google Play Store 142
WhatsApp auf dem Kindle Fire 144
WhatsApp am PC nutzen 144
WhatsApp im Ausland – die EU-Roamingverordnung 146
SIM-Karte im Ausland wechseln, WhatsApp-Nummer behalten 148
Datenschutz- und Paranoia-Einstellungen 148
Sicherheits-Benachrichtigungen 149
Verifizierung in zwei Schritten 149
WhatsApp funktioniert in öffentlichen WLANs (manchmal) nicht ... 150
WhatsApp auf aktuellem Stand halten 151
WhatsApp-Newsletter von Firmen 152
WhatsApp-Konto löschen 153
Zusatztools und Fake-Apps 153
Gerücht: WhatsApp wird kostenpflichtig 154
WhatsApp-Spam – Ute Christoff ;-) 154

Stichwortverzeichnis 156

1. WhatsApp installieren

WhatsApp ist nach aktuellen Umfragen unter Smartphone-Nutzern die unverzichtbarste App im Alltag. Ein Messenger ist für die private, spontane Kommunikation inzwischen wichtiger als E-Mail. Per Chat kann man sich schnell mit Freunden verabreden oder kurze Informationen in Echtzeit austauschen. Selbstverständlich gehört auch eine Chat-App auf ein Smartphone – die Nummer eins der kostenlosen Apps im Google Play Store und auch in Apples App Store ist immer wieder der Messenger WhatsApp. WhatsApp ist auf dem besten Weg, die SMS zu ersetzen, und überzeugt durch sein Konzept sowie die einfache Installation und Nutzung.

Der Untergang der SMS

In Deutschland werden zurzeit pro Jahr nur noch weniger als 12 Milliarden SMS verschickt, davon etwa 400 Millionen in der Silvesternacht, was jedes Jahr vielerorts zu Zusammenbrüchen der Netze führt. Die Anzahl der versandten SMS wird zugunsten von WhatsApp in Zukunft weiter abnehmen. Im Jahr 2016 wurden in Deutschland nur noch 34,8 Millionen SMS pro Tag verschickt, aber knapp eine Milliarde WhatsApp-Nachrichten. Im besten Jahr 2012 waren es noch 163,8 Millionen SMS pro Tag, was 59,8 Milliarden im Jahr entspricht. Die SMS-Nutzung hat inzwischen wieder das Niveau der »Vor-Smartphone-Ära« vor dem Jahr 2000 erreicht, und das, obwohl mittlerweile neue Anwendungen für SMS entwickelt wurden wie mobileTAN für das Onlinebanking oder der Parkschein per SMS. Diese SMS dienen zwar nicht der Kommunikation zwischen zwei Menschen, verbessern aber immerhin noch die Statistiken der SMS-Nutzung insgesamt.

Die wichtigsten Vorteile gegenüber SMS

- **Vielfältig nutzbar** – keine Begrenzung auf 160 Zeichen, Versand von Fotos, Sprachnachrichten, Dokumenten, Standortdaten, Musik und vielen anderen Datenformaten.

- **Unabhängig vom Mobilfunknetz** – WhatsApp funktioniert auch über WLAN.
- **Kostenlos** – im Gegensatz zu SMS werden WhatsApp-Nachrichten nicht einzeln abgerechnet, sondern nur das verbrauchte Datenvolumen, das vergleichsweise gering ist.
- **Videotelefonie** – über die Internetverbindung und damit im WLAN auch kostenlos.
- **Gruppenchats** – per SMS unmöglich.
- **Leichter Gerätewechsel** – WhatsApp-Chatverlauf und empfangene Daten lassen sich über die Cloud-Sicherung sehr leicht auf ein neues Smartphone übertragen.

Interessante Fakten zu WhatsApp

Anfang Februar 2016 gab das Unternehmen WhatsApp bekannt, dass die Marke von einer Milliarde aktiven Nutzern überschritten wurde und täglich mit dem Dienst 42 Milliarden Nachrichten versandt wurden. WhatsApp gilt als der am schnellsten gewachsene Internetdienst der Geschichte. Im Januar 2018 waren es bereits 1,5 Milliarden aktive Nutzer.

WhatsApp veröffentlicht zu bestimmten Anlässen statistische Zahlen (Quelle: WhatsApp.com).

In Deutschland nutzten Ende des Jahres 2017 40 Millionen Menschen WhatsApp mindestens einmal pro Woche, 34 Millionen Menschen sogar täglich. WhatsApp ist nach Facebook erst die zweite App, die nicht von Google stammt und die Marke von 1 Milliarde Downloads überschritten hat.

WhatsApp liegt in der Download-Statistik des Google Play Store mit großem Abstand vorn.

Auch im Apple App Store liegt WhatsApp deutlich vorn.

85 % aller Smartphone-Nutzer nutzen ein Android-Gerät, 12 % ein iPhone. Windows Phone und Nokia Series 40 liegen mittlerweile nur noch im einstelligen Prozentbereich. Dazu kommen noch ein paar inzwischen als exotisch geltende Betriebssysteme wie BlackBerry OS. Seit Ende Dezember 2017 hat WhatsApp die Unterstützung für alte Plattformen abgeschaltet und läuft jetzt nur noch auf Android ab Version 2.3.7, iOS ab Version 7und Windows Phone 8.1 bzw. 10. Ende 2018 soll die Unterstützung für Nokia Series 40 und im Februar 2020 für alle Android-Versionen älter als 4.0, die jetzt schon einen Marktanteil von unter einem halben Prozent haben, endgültig eingestellt werden.

Etwa die Hälfte aller Android-Nutzer weltweit verwendet WhatsApp, in der Altersgruppe der 16-18-Jährigen sind es sogar 96 %. Auf der iOS-Plattform gibt es nicht nur in absoluten Zahlen (aufgrund der geringeren Verbreitung), sondern auch prozentual weniger WhatsApp-Nutzer, da der auf iPhones vorinstallierte Messenger *iMessage* immer noch treue Fans hat, wogegen der Google-Messenger *Hangouts* wie auch das neue *Google Allo* nur eine vergleichsweise geringe aktive Nutzerbasis verzeichnen.

Android oder iOS

Dieses Buch beschreibt WhatsApp für Android 8 Oreo. In einigen Fällen kann es kleine Unterschiede zu älteren Android-Versionen geben, die aber kaum auffallen.

iPhone-Nutzer finden in den Kästen **So geht's auf dem iPhone** nützliche Hinweise, da sich die iOS-Version von WhatsApp betriebssystembedingt an einigen Stellen anders bedienen lässt und auch anders aussieht.

Die Installation von WhatsApp ist sehr einfach, was auch zum Erfolg des Messengers beigetragen hat. Suchen Sie die App *WhatsApp* im Store auf Ihrem Smartphone oder besuchen Sie mit dem Browser auf dem Smartphone die Seite www.whatsapp.com. Sie können auch den abgebildeten QR-Code verwenden. Sie werden dann automatisch zur App im Store weitergeleitet, passend zum verwendeten Smartphone-Betriebssystem.

Die mobile WhatsApp-Seite verlinkt direkt in den passenden Store.

Jetzt brauchen Sie nur noch auf *Installieren* zu tippen.

Sonderfälle: Keine SIM, kein Google Play Store

In Kapitel 10 unter den Überschriften »WhatsApp auf Tablets ohne SIM-Karte« und »WhatsApp auf Android-Smartphones ohne Google Play Store« finden Sie Installationshinweise für solche Geräte.

Der Google Play Store

Auf fast allen Android-Smartphones ist der Google Play Store vorinstalliert. Hier finden Sie die App *WhatsApp* kostenlos zum Download.

Google-Konto

Der Google Play Store erfordert eine Anmeldung mit einem Google-Konto. Falls Sie bei der Einrichtung Ihres Smartphones kein Google-Konto angegeben haben, müssen Sie dies spätestens tun, wenn Sie den Google Play Store nutzen wollen.

1. Suchen Sie WhatsApp über das Suchfeld oben im Google Play Store oder tippen Sie einfach auf die Liste *Top-Apps*. Hier steht WhatsApp meistens ganz oben.

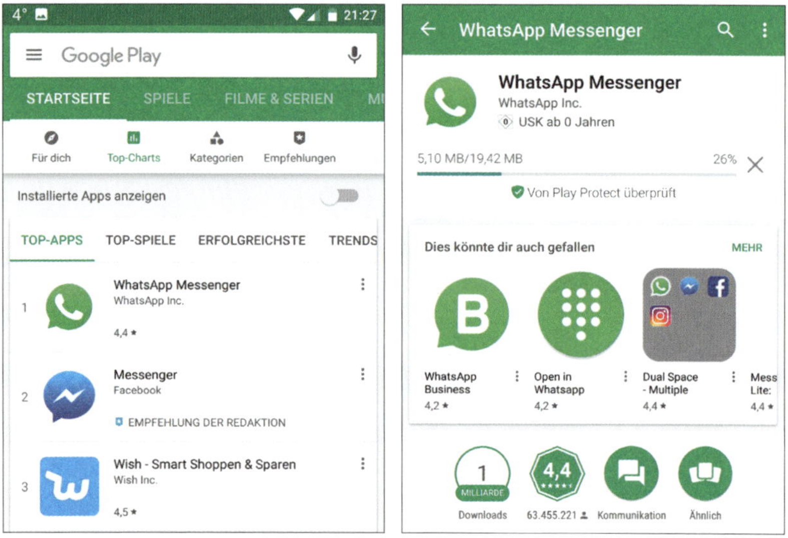

WhatsApp aus dem Google Play Store installieren.

Vorsicht Fake-Apps

Unter dem Suchbegriff *WhatsApp* finden sich auch diverse Apps, die nicht WhatsApp sind, sondern nur von diesem erfolgreichen Namen profitieren wollen. Achten Sie darauf, wirklich nur das Original herunterzuladen. Verwenden Sie die Liste der Top-Apps anstelle der Suche, können Sie sichergehen, die »echte« App zu finden.

+++ SO GEHT'S AUF DEM IPHONE +++

WhatsApp wird aus dem App Store installiert. Die Warnung vor Fake-Apps gilt hier gleichermaßen. Auch im App Store ist das Original WhatsApp einfach über die Topliste der Gratis-Apps zu finden.

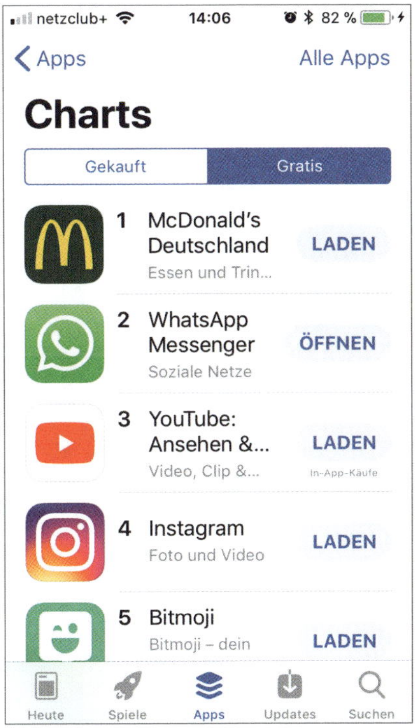

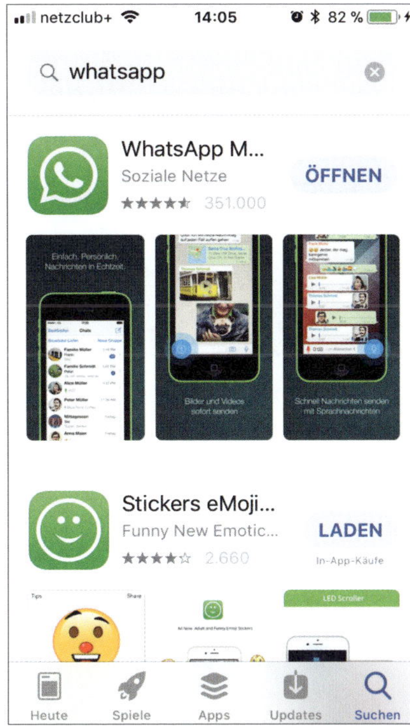

2. Tippen Sie auf *Installieren*, wird WhatsApp heruntergeladen und automatisch auf dem Smartphone installiert. Der Malware-Schutz *Google Play Protect* überprüft den Download automatisch.
3. Nach der Installation wird je nach Einstellung auf dem Smartphone, ein WhatsApp-Symbol auf dem Startbildschirm angelegt, das Sie an eine beliebige Stelle verschieben können. Tippen Sie darauf, um WhatsApp zu starten. Wer es gar nicht abwarten kann, kann WhatsApp auch direkt aus dem Google Play Store starten.

Der erste Start

Beim ersten Start von WhatsApp müssen ein paar Voreinstellungen getroffen werden. Insbesondere legen Sie ein Profil an, damit andere Sie auch kontaktieren können. Im Gegensatz zu vielen ähnlichen Apps brauchen Sie sich aber keinen Benutzernamen und kein Passwort zu merken.

Berechtigungen gewähren

1. Tippen Sie auf dem ersten WhatsApp-Bildschirm auf *Zustimmen und fortfahren*, um die Nutzungsbedingungen zu bestätigen.

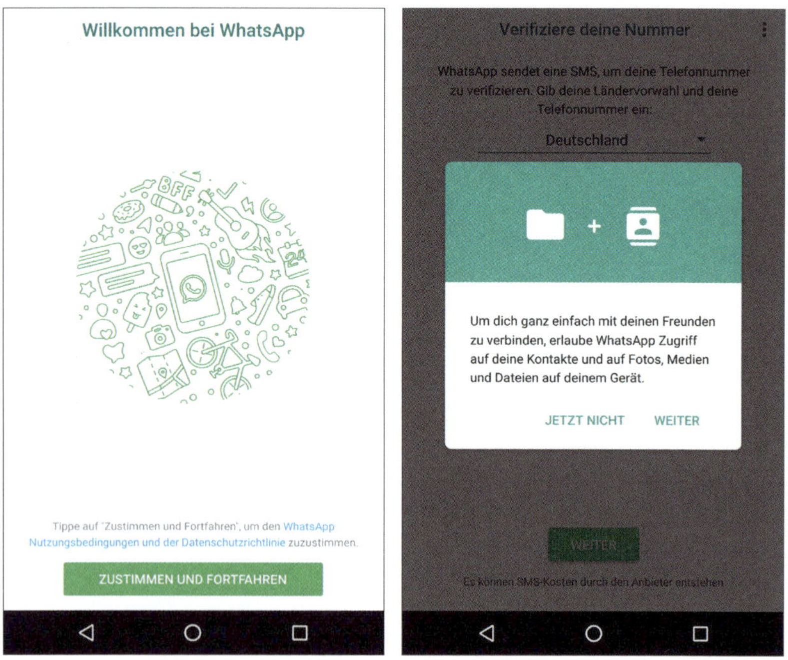

Nutzungsbedingungen bestätigen und Datenzugriff gewähren.

2. In Android 6 Marshmallow war es erstmals möglich, bestimmte Berechtigungen von Apps einzuschränken. Ob die Apps ohne die jeweiligen Berechtigungen noch sinnvolle Arbeit leisten, bleibt dem Nutzer überlassen. Für Android 6 oder höher optimierte Apps zeigen bei der ersten

Verwendung Abfragen an, in denen man die notwendigen Berechtigungen gewähren muss, um die entsprechenden Aktionen der App ausführen zu können. WhatsApp blendet vor diesen Systemmeldungen einen eigenen Hinweis ein, dass die folgenden Berechtigungsanfragen zum Zugriff auf Fotos, Medien und Kontakte zugelassen werden müssen, damit die App sinnvoll funktioniert.

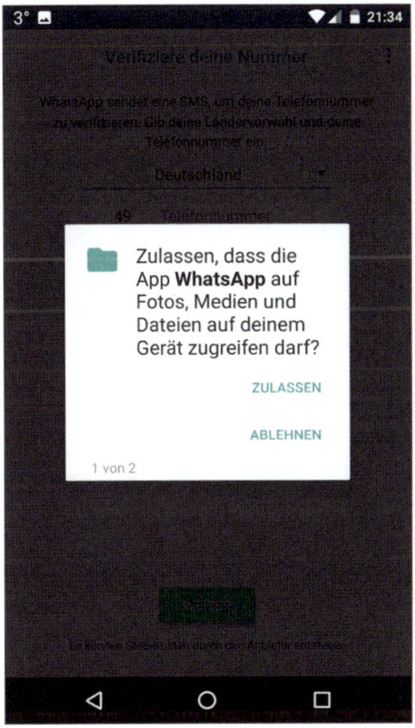

Systemmeldungen, um Zugriffe zuzulassen.

3. Lassen Sie die Zugriffe auf Fotos, Medien und Kontakte in den nun folgenden Systemmeldungen zu, damit WhatsApp funktioniert.

Handynummer bestätigen

WhatsApp verwendet die Handynummer zur Identifizierung des Benutzerkontos. So brauchen Sie sich keinen Benutzernamen und kein Passwort zu merken. Dies ist das einzige Mal, dass WhatsApp die Mobilfunkverbindung nutzt. Die App funktioniert später unabhängig von der SIM-Karte über die Internetverbindung.

1. Geben Sie auf dem nächsten Bildschirm Ihre Handynummer ein. Dabei wird das internationale Nummernformat mit der Landesvorwahl +49 für Deutschland (+43 für Österreich, +41 für Schweiz) und ohne die 0 am Anfang der Vorwahl verwendet.
2. Tippen Sie auf *Weiter*, um eine automatische SMS zu erhalten, die das Smartphone bei WhatsApp anmeldet.

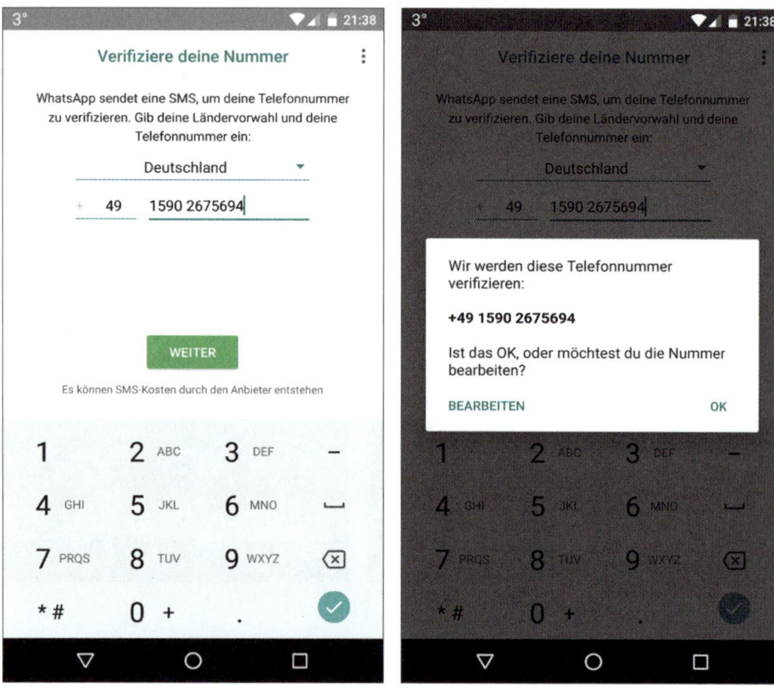

Smartphone über die Handynummer bei WhatsApp anmelden.

3. Um das Smartphone leicht zu verifizieren, kann WhatsApp den per SMS übermittelten Code automatisch einlesen und auswerten. Tippen Sie dazu im nächsten Schritt auf *Weiter* und in der folgenden Systemmeldung auf *Zulassen*.

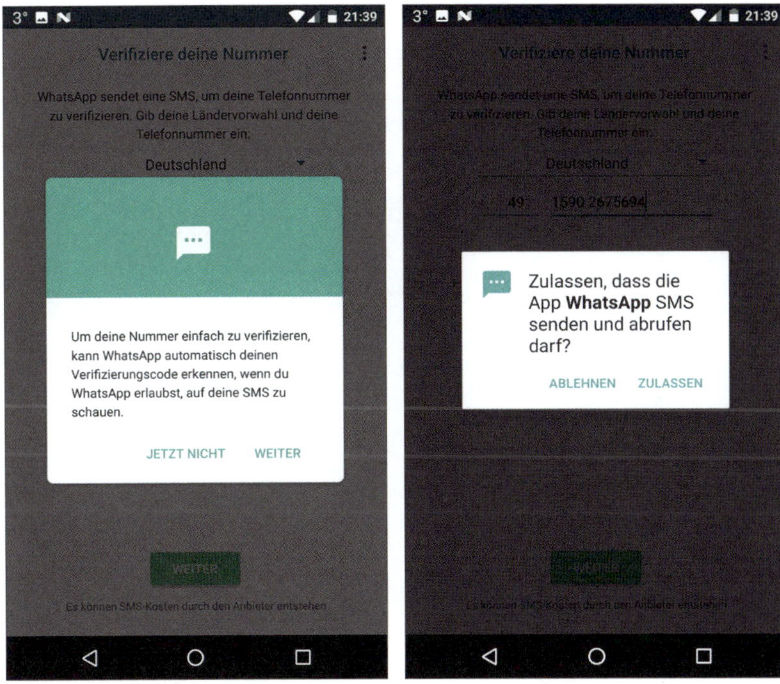

Zugriff auf SMS zur automatischen Verifizierung gewähren.

Ich weiß meine Handynummer nicht ...

Sollten Sie Ihre Handynummer nicht auswendig wissen, können Sie sich diese direkt auf dem Smartphone anzeigen lassen: Öffnen Sie dazu die *Einstellungen* und tippen Sie nacheinander auf *Über das Telefon/Status/Status der SIM-Karte*. Dort wird die Telefonnummer der eingebauten SIM-Karte angezeigt. Bei Dual-SIM-Smartphones hat jede SIM-Karte ihre eigene Statusseite.

+++ SO GEHT'S AUF DEM IPHONE +++

In der App *Kontakte* wird automatisch ein Kontakt mit der eigenen Telefonnummer angelegt.

1. Warten Sie jetzt, bis eine eingehende SMS zur Verifizierung automatisch erkannt wird.
2. Sollte die Erkennung fehlschlagen, warten Sie, bis eine SMS eingeht, und tippen Sie den darin enthaltenen sechsstelligen Code in das dafür vorgesehene Feld ein.

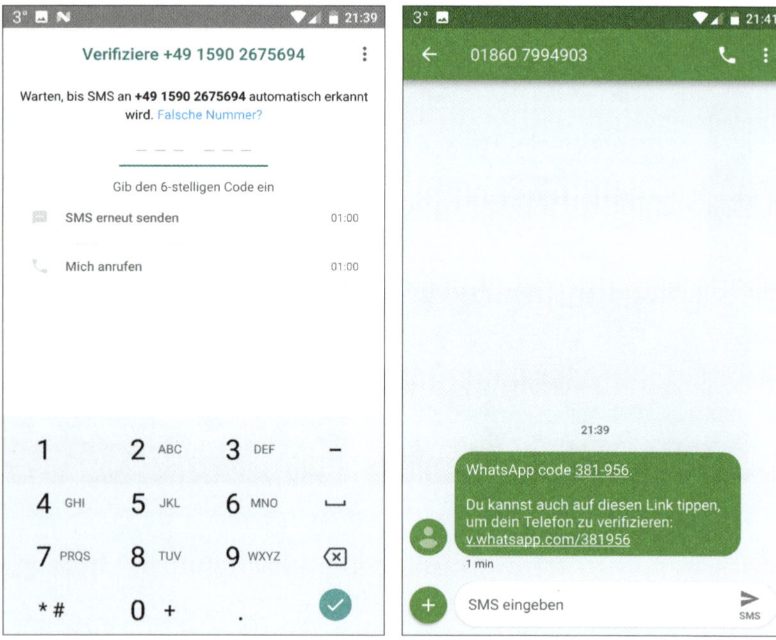

Bestätigungscode aus der SMS eingeben oder automatisch übernehmen.

Eigenes Profil anlegen

Als letzten Schritt bei der Einrichtung von WhatsApp richten Sie Ihr eigenes Profil ein:

1. Geben Sie Ihren Namen ein. WhatsApp schlägt automatisch den Namen vor, der im Google-Konto auf dem Smartphone verwendet wird. Möchten Sie einen Fantasienamen verwenden, auch auf die Gefahr hin, dass Ihre Freunde Sie in WhatsApp nicht finden, tippen Sie diesen ein. Der Name darf bis zu 25 Zeichen lang sein.

2. Auf Wunsch können Sie auch kleine Bildchen, sogenannte Emojis, in den Namen einfügen. Tippen Sie auf den Smiley neben dem Namensfeld, um eine Liste verfügbarer Emojis zu sehen.
3. Legen Sie am besten gleich noch ein Profilbild fest, damit Ihre Freunde Sie auch erkennen. Dieses Profilbild kann später jederzeit geändert werden. Tippen Sie dazu auf das Kamerasymbol links neben dem Namen.
4. Tippen Sie in der Symbolleiste unten auf *Kamera*, um direkt ein Foto aufzunehmen, oder auf *Galerie*, um ein vorhandenes Foto auszuwählen und als Profilbild zu nutzen.

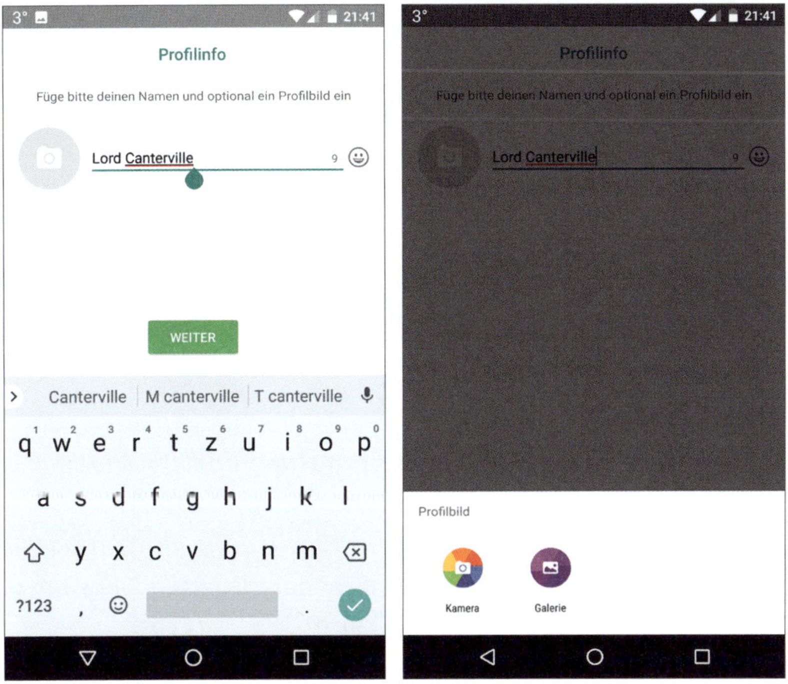

Profilbild festlegen.

5. Wählen Sie in der Galerie den Ordner, in dem das gewünschte Bild liegt, und tippen Sie dann auf das Foto. Tippen Sie auf dem nächsten Bildschirm auf *Fertig*, dann wird das Profilbild als rundes Symbolfoto angezeigt, so wie es Ihre Freunde zu sehen bekommen.

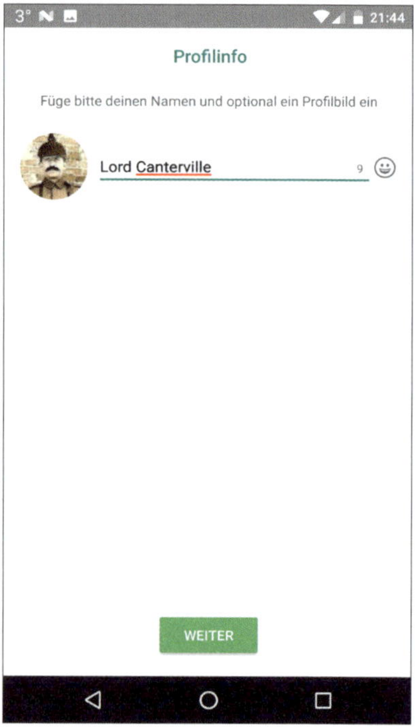

Profilbild aus der Galerie auswählen.

6. Nach einer kurzen Initialisierung erscheint der Hauptbildschirm von WhatsApp, auf dem Sie gleich die erste Nachricht schreiben können.

Profilbild bearbeiten

In Kapitel 7 im Abschnitt »Profilbild ändern« finden Sie Tipps, um das Profilbild nachträglich auszutauschen oder zu bearbeiten.

+++ SO GEHT'S AUF DEM IPHONE +++

Tippen Sie auf das vorgegebene Standardprofilbild und dann auf *Bearbeiten*. Auf dem nächsten Bildschirm können Sie ein Foto mit der Kamera aufnehmen oder ein Foto aus der Galerie auswählen.

2. Nachrichten schreiben

Nachdem WhatsApp fertig eingerichtet ist, können Sie sofort die erste Nachricht schreiben.

Tippen Sie auf dieses Symbol, erscheint eine Liste aller Kontakte aus dem eigenen Adressbuch, die WhatsApp verwenden. Bei jedem Kontakt sind das Profilbild und der Statustext zu sehen. Tippen Sie auf eine Person, erscheint das Chatfenster, in dem Sie direkt drauflostippen können

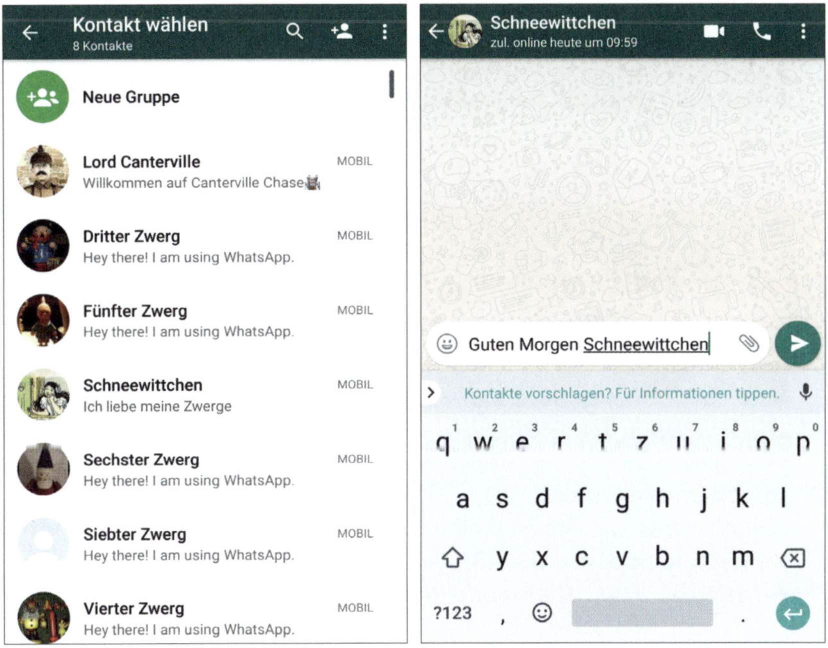

Die erste Nachricht in WhatsApp schreiben.

+++ SO GEHT'S AUF DEM IPHONE +++

Das Symbol zum Schreiben neuer Nachrichten befindet sich rechts oben.

Text tippen

Tippen Sie den Text auf der Bildschirmtastatur und schicken Sie ihn mit dem grünen Pfeil rechts neben dem Eingabefeld ab. In Bruchteilen von Sekunden erscheint die Nachricht beim Empfänger.

Tipps zur Bildschirmtastatur

- Ein angetippter Buchstabe wird vor dem Loslassen deutlich hervorgehoben, um Tippfehler zu vermeiden.
- Zur Eingabe von Großbuchstaben muss zuerst die ⇧-Taste links unten angetippt werden, die die Bildschirmtastatur für den nächsten Buchstaben auf Großbuchstaben umschaltet. Am Satzanfang wird die Tastatur automatisch auf Großbuchstaben gestellt.

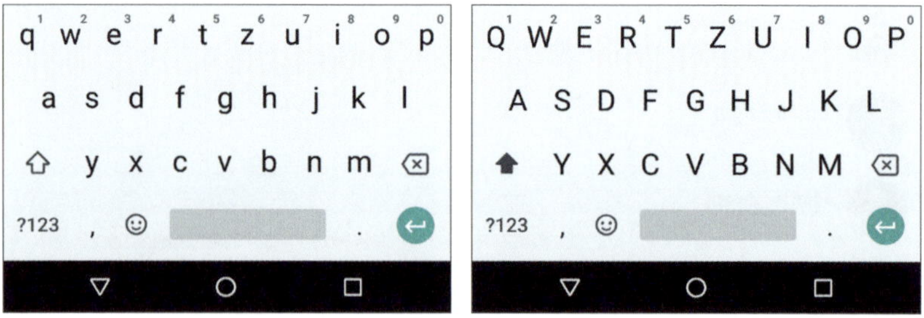

Bildschirmtastatur für Klein- und Großbuchstaben.

- Tippt man zweimal auf die ⇧-Taste, wird diese mit einer Linie hervorgehoben und die Großschreibung festgestellt, bis man sie mit einem weiteren Antippen wieder löst. Auf dem PC bezeichnet man die gleiche Funktion als Feststelltaste oder Caps Lock.
- Die Tasten der oberen Reihe zeigen ganz klein in der Ecke noch eine Ziffer. Zur Eingabe dieser Ziffer wie auch für Umlaute oder Buchstaben mit Akzent halten Sie den Finger länger auf dem jeweiligen Buchstaben. Es erscheint ein Zusatzfeld mit einer Auswahl von Varianten dieses Buchstabens. Auf diese Weise finden Sie auch das **ß** auf der Taste **s**. Bei einer Auswahl von mehreren Zeichen wird das eingegeben, auf dem Sie den Finger vom Bildschirm loslassen.

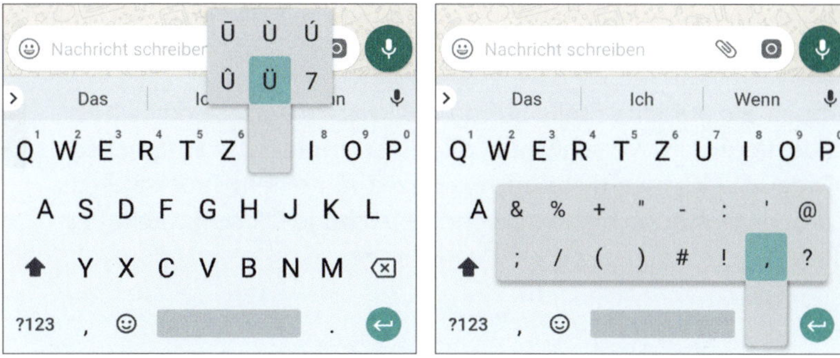

Umlaute und Sonderzeichen auf der Bildschirmtastatur eingeben.

- Die Taste mit den Symbolen unten links schaltet auf ein Tastaturlayout zur Eingabe von Ziffern und mathematischen Sonderzeichen um. Dort schaltet die Taste =\< auf eine weitere Sonderzeichentastatur um. Mit der Taste *?123* kommt man zurück zur anderen Tastatur.

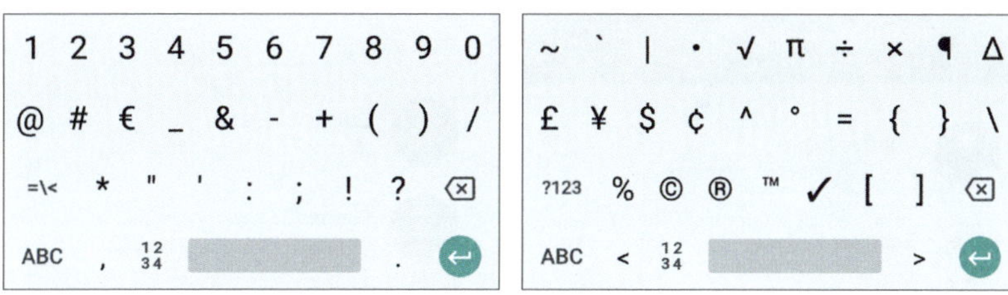

Bildschirmtastaturen für Ziffern und Sonderzeichen.

- Das Symbol mit den Ziffern *1234* neben der Leertaste schaltet auf eine Zifferntastatur zur schnellen Eingabe von Zahlen um. Mit dem Smiley-Symbol erscheinen Tastaturlayouts für grafische Emojis und die klassischen Text-Smileys.

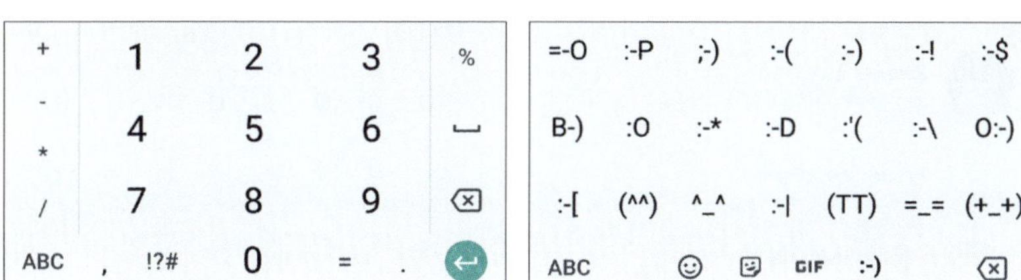

Bildschirmtastaturen für Ziffern und Text-Smileys.

- Von den Sondertastaturen kommt man mit der Taste *ABC* links unten wieder zurück zur normalen Buchstabentastatur.

Tippen Sie auf eine Stelle auf dem Bildschirm, wo keine Texteingabe möglich ist, verschwindet die Bildschirmtastatur automatisch wieder. Sie können diese auch jederzeit mit einem Druck auf das Zurück-Symbol ausblenden, wenn sie wichtige Bildschirmteile verdeckt.

Kontakte suchen

In langen Kontaktlisten ist die gewünschte Person nicht immer leicht zu finden. Mit einer vertikalen Fingerbewegung auf dem Touchscreen können Sie schnell durch die Kontaktliste blättern.

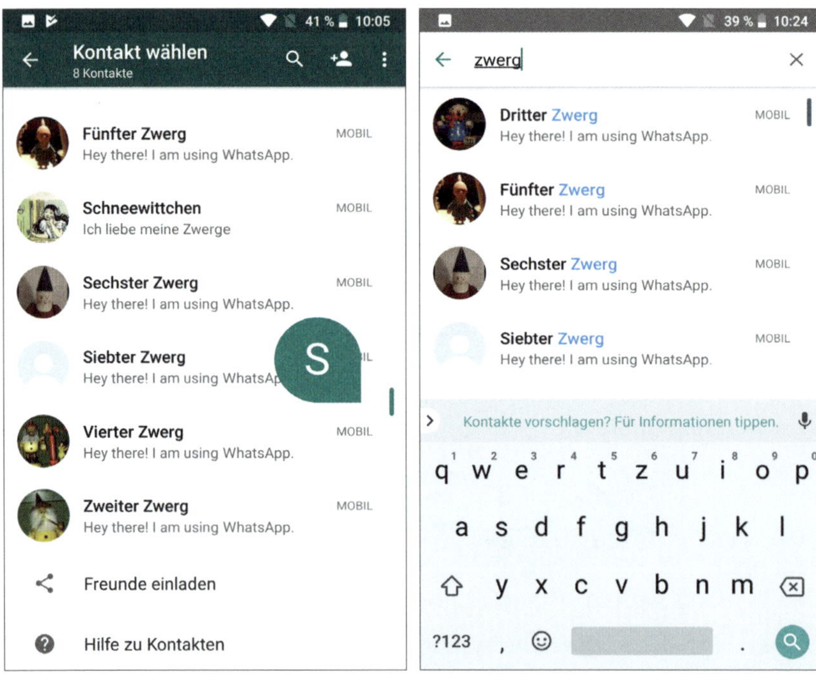

Personen in der Kontaktliste finden.

- Bewegen Sie den Finger ganz rechts außen auf dem Balken, bewegt sich die Liste deutlich schneller. Der aktuelle Anfangsbuchstabe wird großflächig angezeigt, damit Sie im richtigen Moment stoppen können.
- Außerdem finden Sie bestimmte Personen, indem Sie oben rechts auf das Lupensymbol tippen und die Anfangsbuchstaben des Namens eingeben. WhatsApp filtert die Liste immer genauer, je mehr Buchstaben bereits eingegeben sind.

Neue Nachricht kommt an

Kommt eine WhatsApp-Nachricht an, ertönt ein Klingelton und je nach Einstellung des Smartphones blinkt die LED. Auch bei ausgeschaltetem Bildschirm erscheint eine Benachrichtigung auf dem Sperrbildschirm.

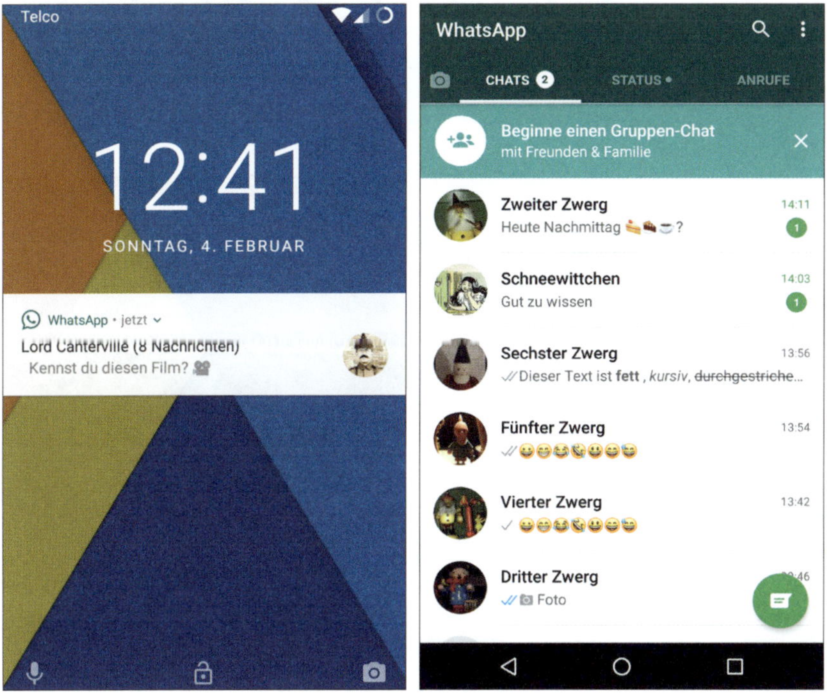

Neu eingegangene Nachrichten auf dem Sperrbildschirm und in der Chatansicht.

Die Chatansicht in WhatsApp zeigt immer die letzten Chats an. Hier können Sie schnell antworten. Außerdem chatten selbst Vielnutzer immer wieder mit den gleichen etwa 10–20 Personen, selbst wenn Hunderte im Adressbuch stehen. In der Chatansicht sehen Sie auch, wie viele neue Nachrichten noch nicht gelesen wurden und von welchen Personen diese stammen.

Ziehen Sie die Benachrichtigungsleiste vom oberen Bildschirmrand herunter, sehen Sie, wer Ihnen geschrieben hat, und – wenn die Nachricht kurz genug ist – auch den Text.

Bei einer einzelnen Nachricht können Sie diese durch Antippen des grünen Balkens direkt beantworten. Liegen mehrere neue Nachrichten vor, öffnen Sie WhatsApp, indem Sie auf die Benachrichtigung tippen.

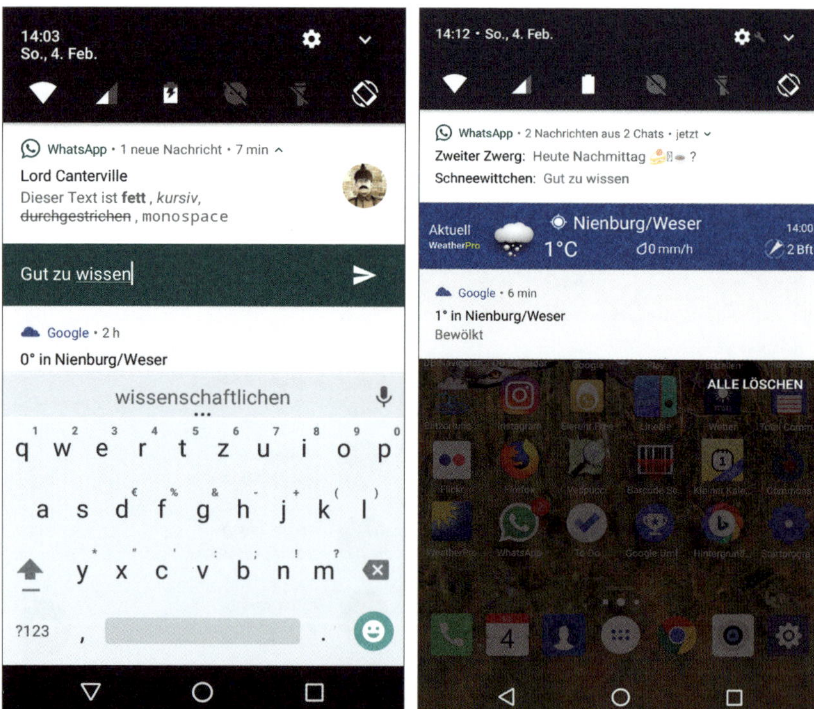

Benachrichtigungen über neue WhatsApp-Nachrichten.

Benachrichtigungen anpassen

In Kapitel 9 im Abschnitt »Benachrichtigungen« finden Sie Tipps, wie Sie Klingeltöne und Systembenachrichtigungen in WhatsApp an Ihren persönlichen Geschmack anpassen können.

+++ SO GEHT'S AUF DEM IPHONE +++

Benachrichtigungen über neue Nachrichten erscheinen auf dem Sperrbildschirm und in der Chatübersicht. Eine Benachrichtigungs-LED gibt es nicht. Nachrichten direkt aus der Benachrichtigung zu beantworten, ist nicht möglich. Beim Antippen öffnet sich WhatsApp.

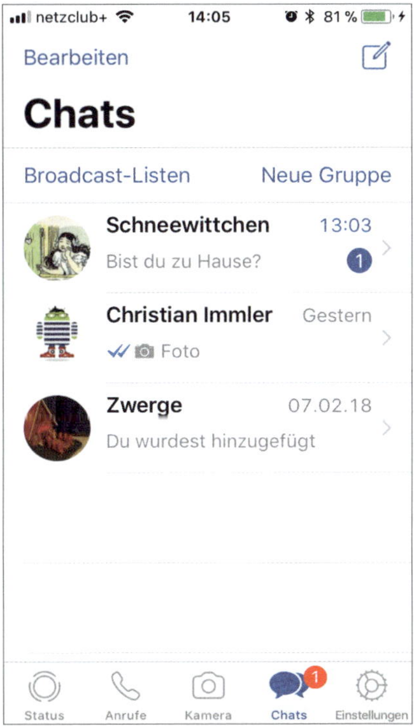

Tippen im Querformat

Zum flüssigen Schreiben von Texten ist die Bildschirmtastatur sehr klein. Hinzu kommt, dass man im Hochformat kaum mit zwei Fingern gleichzeitig auf dem Smartphone tippen kann.

Halten Sie das Smartphone beim Schreiben quer, dreht sich der Bildschirminhalt automatisch und die Tastatur füllt die gesamte Bildschirmbreite. Voraussetzung ist natürlich, dass das automatische Drehen in den Schnelleinstellungen eingeschaltet ist. Ziehen Sie dazu die Symbolleiste am oberen Bildschirmrand herunter.

Wortvorschläge

Oberhalb der Tastatur werden beim Tippen Wortvorschläge gemacht, die Sie antippen und damit übernehmen können. Hat man sich an diese Vorschläge einmal gewöhnt, schreibt es sich deutlich schneller, da längst nicht mehr jedes Wort vollständig eingegeben werden muss.

Diese Vorschläge richten sich nach den eingegebenen Buchstaben oder versuchen, am Wortanfang anhand des zuletzt geschrieben Wortes passende Wörter vorzuschlagen.

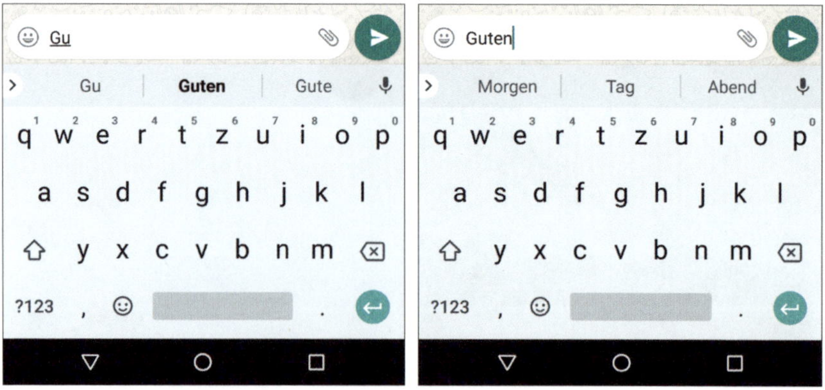

Wortvorschläge beim Schreiben einer Nachricht.

Wischen statt tippen

Nach einer gewissen Eingewöhnungszeit schreibt man mit Wischbewegungen auf der Tastatur noch viel schneller, als jeden Buchstaben einzeln anzutippen.

Schreiben Sie ein Wort, indem Sie den ersten Buchstaben antippen, dann den Finger auf der Tastatur lassen und einfach von Buchstabe zu Buchstabe wischen. Die Texterkennung erkennt meist recht schnell das gewünschte Wort, selbst wenn Sie die Buchstabentasten nicht genau treffen, sodass Sie längst nicht alle Wörter zu Ende schreiben müssen.

- Zur Eingabe eines doppelten Buchstabens wischen Sie mit dem Finger auf der Taste kurz hin und her oder verlassen sich auf die Texterkennung, die viele Wörter auch erkennt, wenn doppelte Buchstaben nur einfach geschrieben werden.
- Am Ende eines Wortes wird automatisch ein Leerzeichen eingefügt.
- Zur Eingabe von Großbuchstaben am Wortanfang brauchen Sie keine [⇧]-Taste mehr. Tippen Sie auf den ersten Buchstaben, wischen Sie kurz aus dem Tastaturfeld in den oberen Bildschirmbereich und dann – ohne abzusetzen – auf den nächsten Buchstaben.
- Ein falsch geschriebenes Wort können Sie durch einmaliges Antippen der Rücktaste im Ganzen löschen.

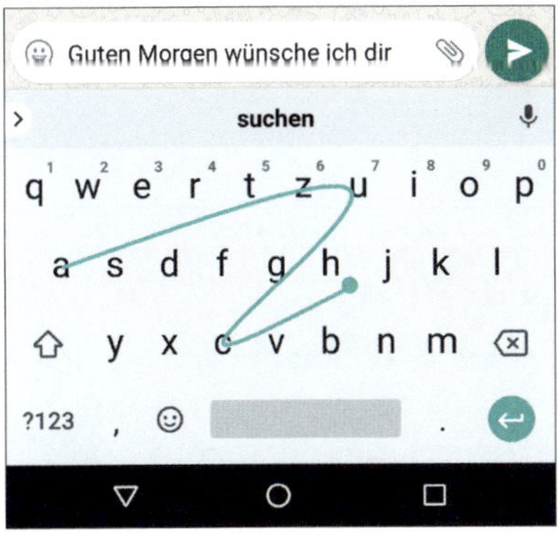

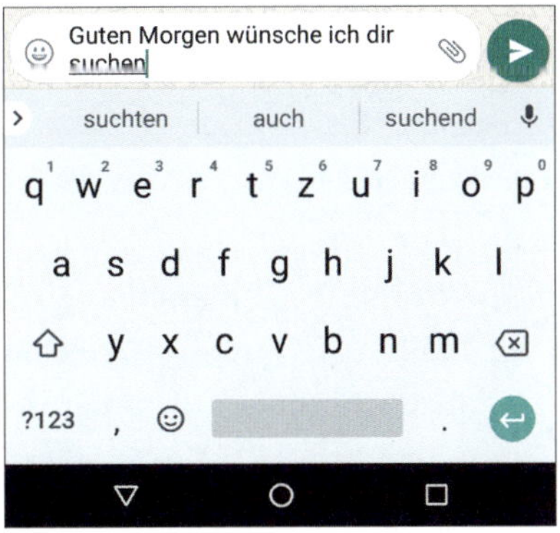

Falsch geschriebene Wörter können leicht durch andere Vorschläge ersetzt werden.

- Die Worterkennung versucht, passende Wörter zu finden. Wurde ein Wort falsch übernommen, werden die Alternativvorschläge weiterhin angezeigt. Tippen Sie den richtigen Vorschlag an, ersetzt dieser automatisch das falsch geschriebene Wort, ohne dass Sie es erst löschen müssen.

Sollte das Wischen, bei Android als Glide Typing bezeichnet, nicht aktiviert sein, schalten Sie in den *Einstellungen* unter *System/Sprachen und Eingabe/Bildschirmtastatur/Gboard/Glide Typing* alle Optionen ein.

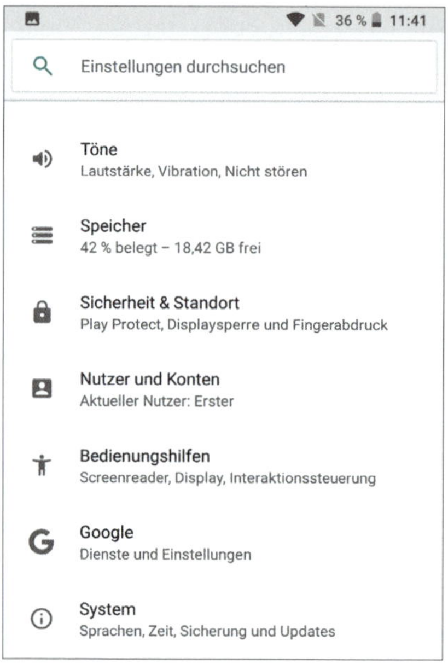

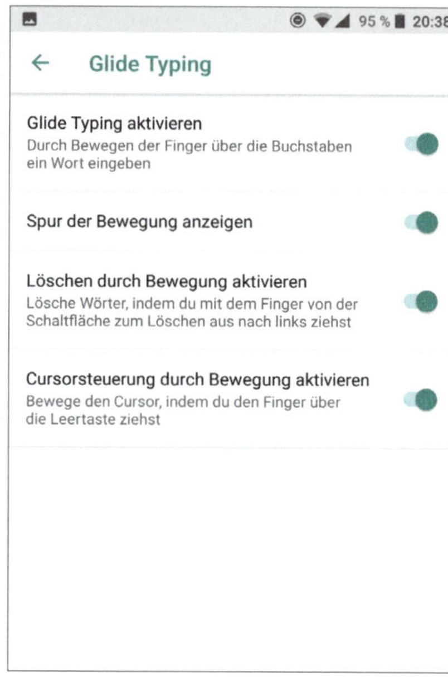

Einstellungen zum Wischen über die Tastatur.

Funktioniert auf manchen Smartphones nicht

Manche Smartphone-Hersteller verwenden eigene Bildschirmtastaturen, auf denen sich das Glide Typing nicht einschalten lässt. Installieren Sie aus dem Google Play Store die App *Gboard*, um die Standard-Android-Tastatur zu bekommen.

+++ SO GEHT'S AUF DEM IPHONE +++

Schreiben durch Wischen ist auf dem iPhone standardmäßig nicht möglich, diese Funktion kann aber durch alternative iOS-Tastaturen aus dem App Store nachgerüstet werden. Besonders zu empfehlen ist hier *SwiftKey*. Die alternative Tastatur *Swype* wird nicht mehr weiterentwickelt.

Emojis

Emojis sind kleine Bildchen zur Darstellung von Stimmungs- und Gefühlszuständen in der schriftlichen Kommunikation. Ursprünglich waren das reine ASCII-Zeichen, etwa :-) für ein lächelndes Gesicht, auch als Smiley bezeichnet. Diese können über das Gesichtssymbol links im Eingabefeld ausgewählt werden. Das Tastatursymbol an der gleichen Stelle blendet wieder die Tastatur ein.

Mit Emojis lassen sich inzwischen ganze Geschichten erzählen. Das Uhrsymbol links in der Kategorieliste bietet schnellen Zugriff auf die zuletzt verwendeten Emojis.

Kommen Sie ohne zu googeln drauf …?

Welche Emojis sind die beliebtesten?

Die Seite emojitracker.com zeigt in Echtzeit die Verwendung von Emojis auf Twitter. Bei WhatsApp dürfte die Verteilung ähnlich sein. Das Tränen lachende Smiley liegt mit großem Abstand vor dem roten Herz ganz vorn in der Beliebtheitsskala.

Die Emojis sind nach Kategorien geordnet. Über eine senkrechte Wischbewegung tauchen weitere Emojis auf. Bei den meisten menschlichen Gesichtern und Handgesten, die unten rechts mit einem kleinen Dreieck gekennzeichnet sind, lässt sich durch längeres Antippen die Hautfarbe wählen.

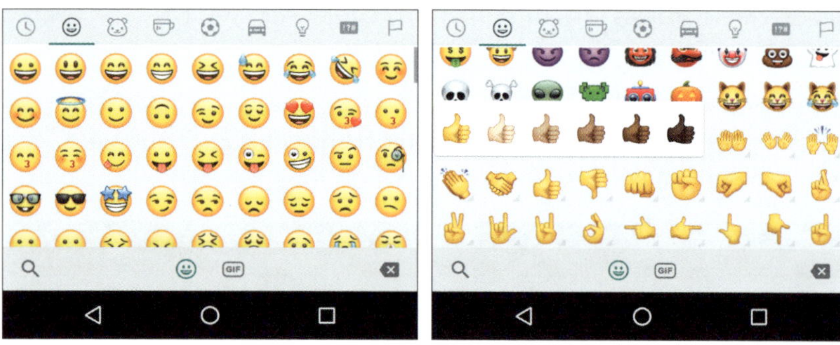

Smileys, Handgesten, Personen und Berufe.

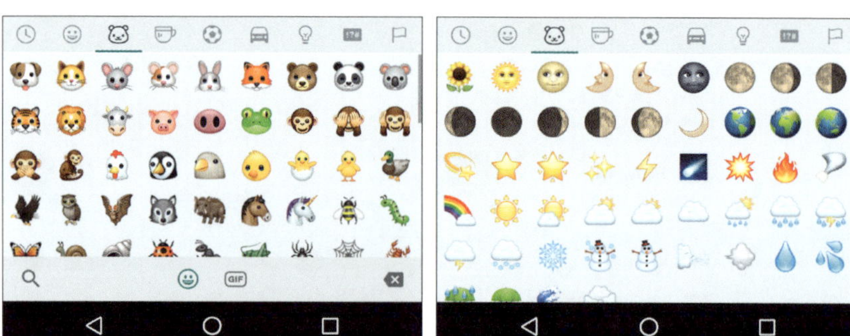

Tiere, Pflanzen und Naturereignisse.

Obst, Gemüse, Essen und Trinken.

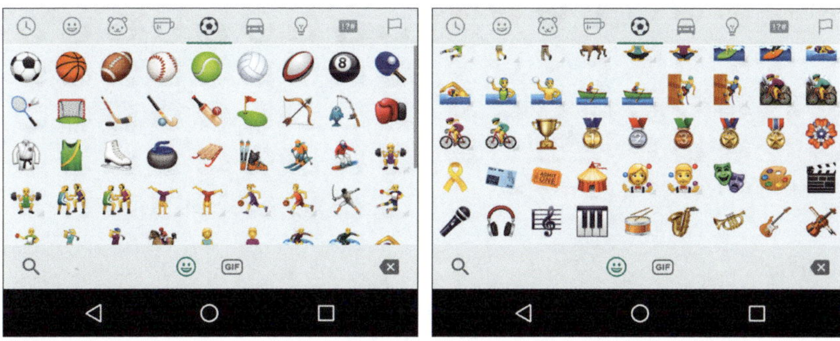

Sport und Freizeit.

Verkehrsmittel, Orte und Gebäude.

Gegenstände.

Symbole.

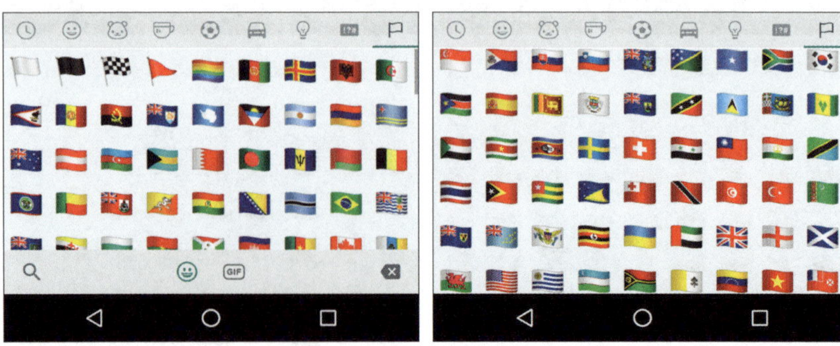

Landesflaggen.

In der privaten Korrespondenz durchaus sinnvoll und lustig, sollten Emojis im offiziellen Schriftverkehr nur sparsam eingesetzt werden. Emojis sollte man nur verwenden, wenn man sicher ist, dass der Empfänger darunter das Gleiche versteht – eventuell auch in einer anderen Sprache.

Ein einzelnes Emoji in einer Zeile wird besonders groß dargestellt, ein Herz sogar animiert. Diese Darstellung wird aber nur von wenigen Emojis unterstützt.

Emojis suchen

Bei der Vielfalt der Emojis wird es immer schwieriger, das passende zu finden. Deshalb bietet Android 8 Oreo die Möglichkeit, Emojis zu suchen. Geben Sie dazu über das Lupensymbol links unten auf der Emoji-Tastatur einen Begriff ein. Passende Emojis werden vorgeschlagen.

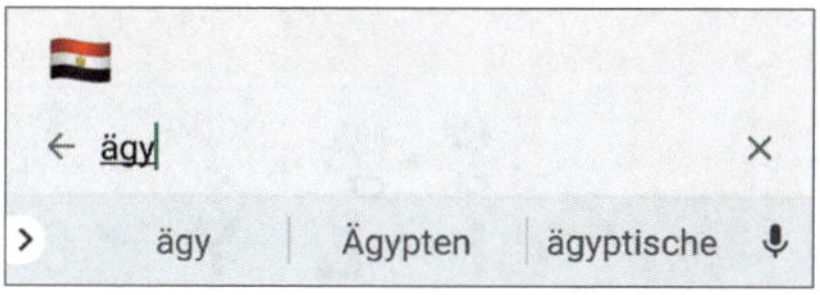

Besonders nützlich ist die Emoji-Suche bei Landesflaggen, die man nicht auswendig kennt.

+++ SO GEHT'S AUF DEM IPHONE +++

Tippen Sie ein Wort, zu dem iOS Emojis kennt, werden diese ganz rechts bei den Wortvorschlägen angezeigt und können direkt angetippt werden.

Unicode 10, 11

Android 8 Oreo unterstützt den neuen Standard Unicode 10, der viele grafische Emojis im Zeichensatz enthält und 56 neue mitbringt, etwa Feen, Vampire, Zauberer, schwangere und stillende Frauen sowie ein kotzendes Smiley. Kurz davor brachte Unicode 9 erst 70 neue Emojis, wie diverse Berufe und erstmals die Flaggen von England, Schottland und Wales sowie die UN-Flagge. Voraussichtlich im Juni 2018 wird der neue Standard Unicode 11 mit 157 weiteren Emojis veröffentlicht, darunter Symbole für kalt und heiß sowie ein Smiley mit drei Herzen – eins und zwei gibt es ja schon ...

Neue internationale Geste im Unicode 10

Unicode 10 enthält die ILY-Gebärde aus der internationalen Gebärdensprache. Diese Handgebärde kombiniert die drei Fingergesten, die die Buchstaben I, L und Y darstellen, die für **I** **l**ove **y**ou stehen, zu einem Zeichen.

Gleiche Emojis werden auf unterschiedlichen Systemplattformen grafisch unterschiedlich dargestellt.

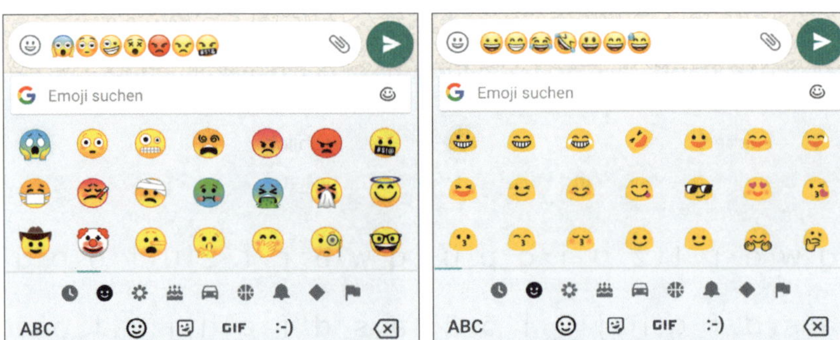

In beiden Abbildungen wurden die Emojis der oberen Zeile eingetippt. Links Android 8 Oreo, rechts Android 7 Nougat.

Android bietet eine eigene Emoji-Tastatur, die über das Smiley-Symbol links neben der Leertaste aktiviert wird. Hier finden Sie die gleichen Emojis aus dem Unicode, die auf der Tastatur aber etwas anders aussehen. WhatsApp stellt die Zeichen immer mit seinen eigenen Bildchen dar, die auch auf der WhatsApp-Emoji-Tastatur zu sehen sind, unabhängig von der Android-Version.

+++ SO GEHT'S AUF DEM IPHONE +++

iOS unterstützt seit Version 11.1 den Standard Unicode 10. Zwei verschiedene Emoji-Tastaturen gibt es hier nicht.

Text kopieren und einfügen

Texte aus E-Mails oder anderen Apps lassen sich leicht in eine WhatsApp-Nachricht kopieren.

Die Zwischenablage in Android steht in diversen unterstützten Apps zur Verfügung. Markieren Sie ein Wort oder einen Textbereich durch Antippen, können Sie diesen direkt in die Zwischenablage kopieren. Ziehen Sie an einem der blauen Griffe, können Sie die Markierung auf einen größeren Textbereich ausdehnen. Über das Menü mit den drei Punkten rechts in der Symbolleiste können Sie den kompletten Text auswählen.

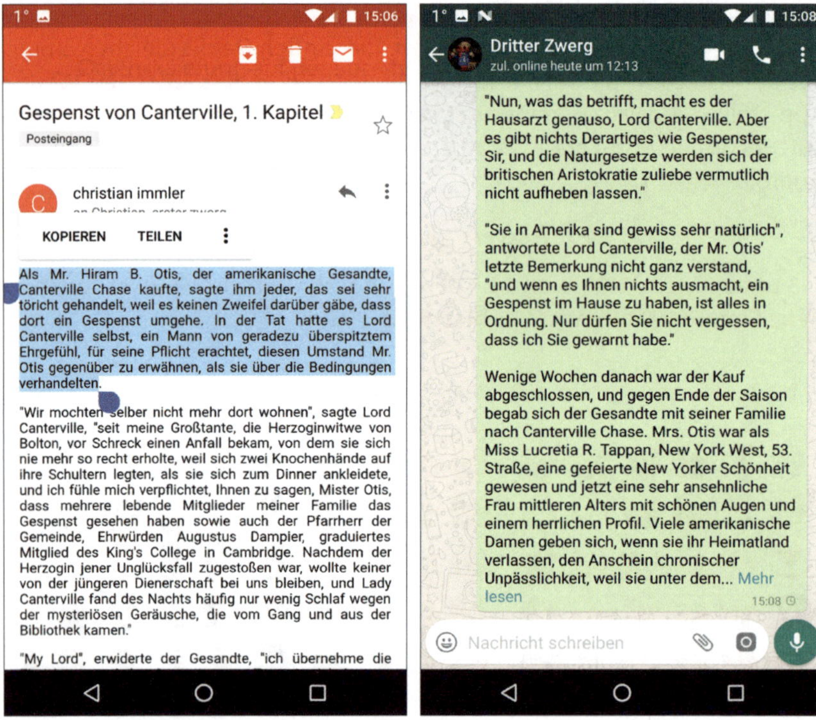

Text aus einer E-Mail kopieren und in WhatsApp einfügen. Bei besonders langen Texten wird nur der erste Teil angezeigt. Am Ende erscheint automatisch der Link »Mehr lesen«.

Halten Sie in WhatsApp den Finger etwas länger auf dem Eingabefeld, erscheint das Symbol *Einfügen*. Tippen Sie darauf, um den kopierten Text einzufügen. Jetzt können Sie in einem kleinen Fenster noch durch den Text blättern und ihn bearbeiten, bevor Sie ihn endgültig abschicken.

Um eine WhatsApp-Nachricht in eine E-Mail oder eine andere App zu kopieren, tippen Sie länger auf die Nachricht, bis am oberen Rand eine Symbolleiste erscheint. Tippen Sie dort auf das Symbol der Zwischenablage. Jetzt können Sie die kopierte Nachricht in eine andere App einfügen.

Das zweite Symbol von rechts kopiert eine markierte Nachricht in die Zwischenablage.

+++ SO GEHT'S AUF DEM IPHONE +++

Beim längeren Antippen einer Nachricht erscheint eine Leiste mit mehreren Funktionen. Schieben Sie diese nach rechts und links, um weitere Funktionen zu zeigen.

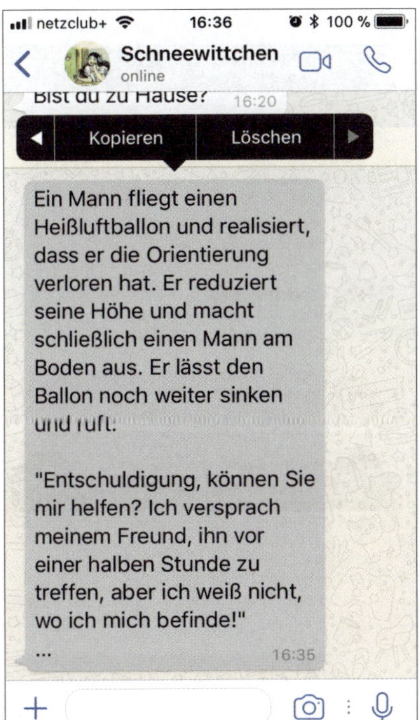

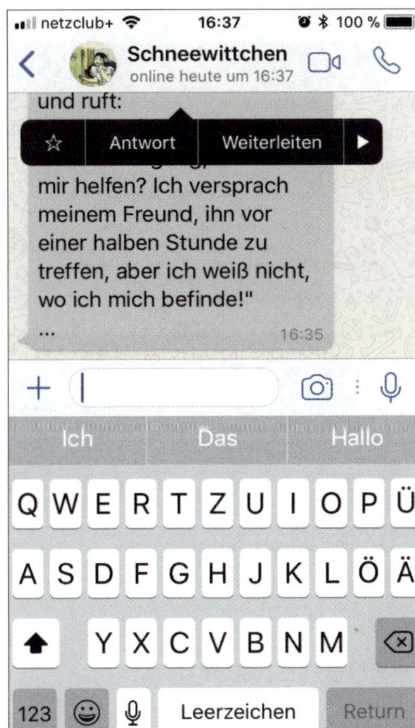

Nachrichten weiterleiten

Die gleiche Symbolleiste ermöglicht es auch, Nachrichten an andere Personen weiterzuleiten.

1. Markieren Sie eine Nachricht durch langes Antippen. Jetzt können Sie weitere Nachrichten antippen und ebenfalls markieren. Die Symbolleiste zeigt oben links die Anzahl markierter Nachrichten.
2. Tippen Sie auf den Pfeil nach rechts, ganz rechts in der Symbolleiste am oberen Bildschirmrand, um die Nachricht weiterzuleiten.
3. Wählen Sie auf dem nächsten Bildschirm die Personen aus, die die weitergeleitete Nachricht erhalten sollen. Auf diese Weise können Sie Nachrichten gleichzeitig an mehrere Personen weiterleiten.

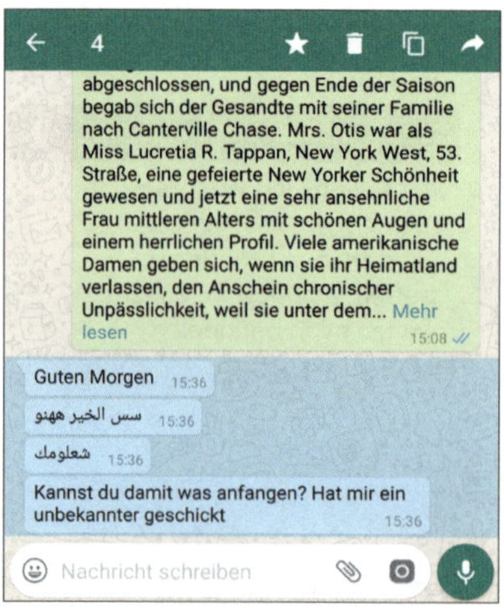

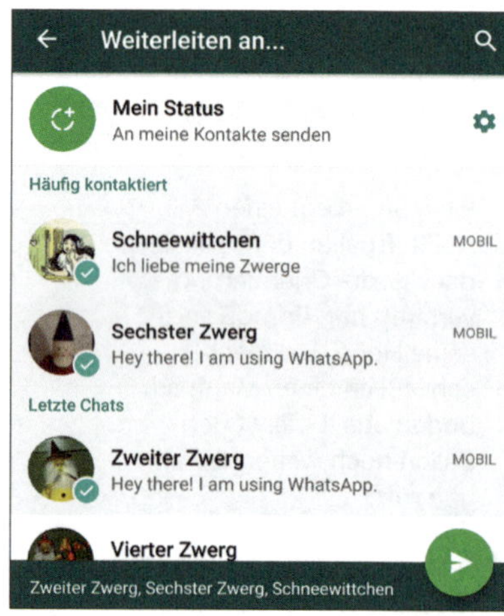

Nachrichten weiterleiten.

Textformatierung

Einzelne Wörter oder ganze Textpassagen können fett, kursiv, durchgestrichen oder in Monospace (nicht proportional, sieht aus wie mit der Schreibmaschine geschrieben) formatiert werden. Markieren Sie dazu im

Texteingabefeld die zu formatierenden Wörter, tippen Sie in der Symbolleiste, mit der Sie auch kopieren und einfügen, auf das Menü mit den drei Punkten und wählen Sie die gewünschte Textauszeichnung.

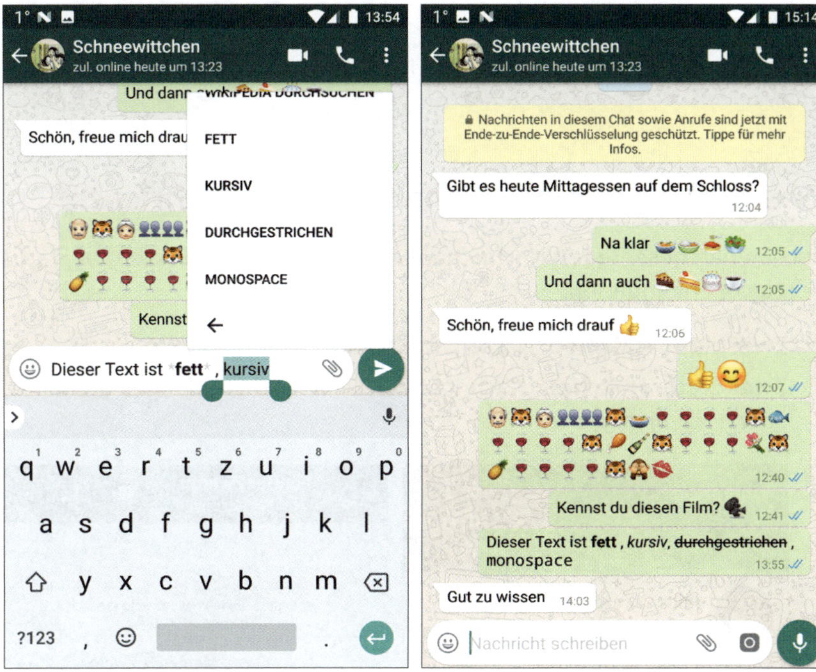

Text formatieren

+++ SO GEHT'S AUF DEM IPHONE +++

Markieren Sie die zu formatierenden Wörter im Texteingabefeld. Schieben Sie die Funktionsleiste nach links, erscheint das Feld *BIU*. Tippen Sie darauf, werden die Textauszeichnungen angezeigt.

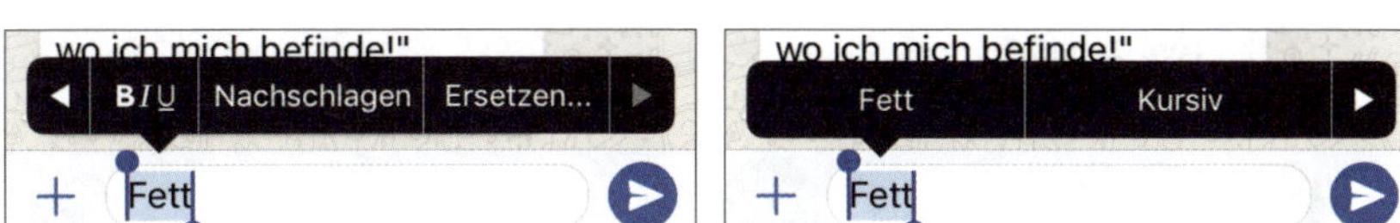

Alternativ können Texte auch formatiert werden, indem man am Anfang und Ende ein entsprechendes Sonderzeichen tippt:

fett
kursiv
~durchgestrichen~
‘‘‘monospace’’’

Was bedeuten die Häkchen bei den Nachrichten?

Bei eigenen gesendeten Nachrichten erscheinen Häkchen, die den Status der Nachricht angeben:

- **Zwei blaue Häkchen:** Nachricht wurde vom Empfänger gelesen.
- **Zwei graue Häkchen:** Nachricht wurde an den Empfänger geschickt, aber noch nicht gelesen.

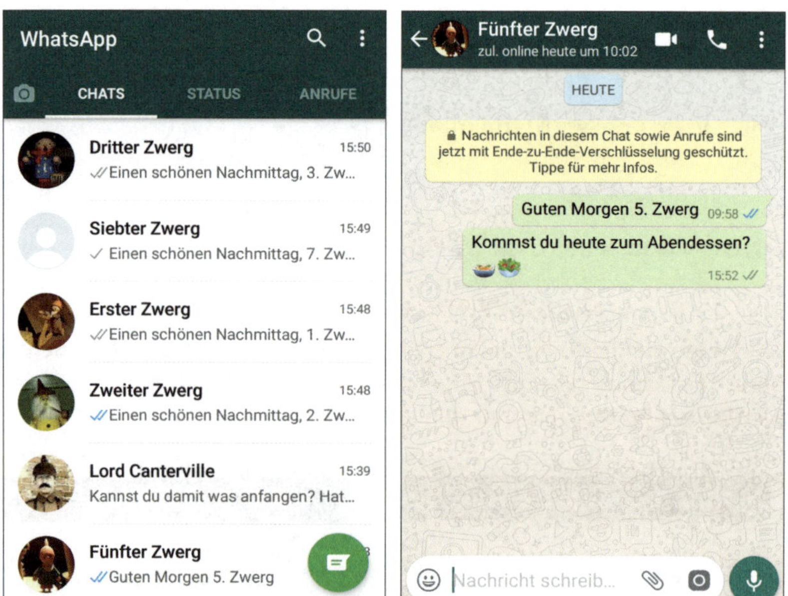

Häkchen zum Sendungsstatus in der Chatübersicht und in einem einzelnen Chat.

- **Ein graues Häkchen:** Nachricht wurde noch nicht an den Empfänger zugestellt, weil dieser z. B. keinen Netzempfang hat oder das Smartphone aus ist.
- **Uhr**: Nachricht konnte noch nicht gesendet werden, weil das eigene Smartphone keinen Netzempfang hat.

In der Chatübersicht steht bei jeder Person immer die letzte Nachricht, egal ob diese gesendet oder empfangen wurde. Ist die letzte Nachricht eine, die Sie von der Person bekommen haben, sind keine Häkchen zu sehen.

Wann wurde eine Nachricht gelesen?

Die in den Listen angezeigten Zeiten geben an, wann eine Nachricht geschrieben oder empfangen wurde. Ganz oben in einem einzelnen Chat sehen Sie, wann die Person zum letzten Mal online war. Das bedeutet, wann sie WhatsApp benutzt hat. Onlinezeiten anderer Apps werden hier nicht berücksichtigt. Um zu sehen, wann eine Person eine Nachricht gelesen hat, tippen Sie länger auf die Nachricht, bis die Symbolleiste oben erscheint. Tippen Sie dort auf das *i*-Symbol.

Nachrichteninfos anzeigen.

Wichtige Nachrichten markieren

Per WhatsApp bekommt man im Lauf der Zeit Hunderte von Nachrichten, von denen die meisten nach ein paar Minuten völlig unwichtig sind. Die wenigen interessanten Nachrichten gehen so schnell unter.

1. Markieren Sie eine Nachricht durch langes Antippen. Jetzt können Sie weitere Nachrichten antippen und ebenfalls markieren. Die Symbolleiste zeigt oben links die Anzahl markierter Nachrichten.
2. Tippen Sie auf das Sternchen, um die Nachricht als wichtig zu markieren.
3. Tippen Sie in der Chatübersicht oben rechts auf das Menü mit den drei Punkten und wählen Sie *Mit Stern markierte*. Jetzt werden alle Nachrichten angezeigt, die mit einem Stern markiert wurden. Tippen Sie auf eine Nachricht, kommen Sie direkt an die entsprechende Stelle im Chatverlauf.
4. Tippen Sie länger auf eine mit Stern markierte Nachricht, erscheint in der Symbolleiste ein durchgestrichener Stern. Damit können Sie die Markierung wieder aufheben, wenn die Nachricht nicht mehr wichtig ist.

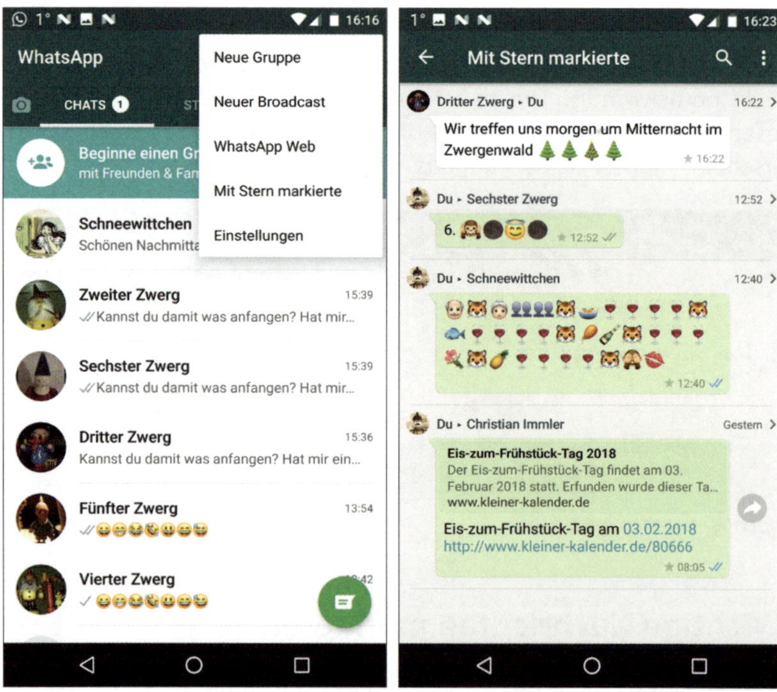

Mit Stern markierte Nachrichten anzeigen.

Chat als ungelesen markieren

Möchten Sie eine längere Nachricht später noch einmal in Ruhe lesen und das auch nicht vergessen, markieren Sie den Chat einfach als ungelesen.

Tippen Sie dazu in der Chatübersicht länger auf einen Chat. Sobald die Symbolleiste erscheint, können Sie noch mehrere Chats auswählen. Über das Menü mit den drei Punkten rechts oben markieren Sie diese Chats als ungelesen.

Das betrifft nur Ihr Smartphone. Beim Chatpartner erscheinen die Nachrichten weiterhin als gelesen.

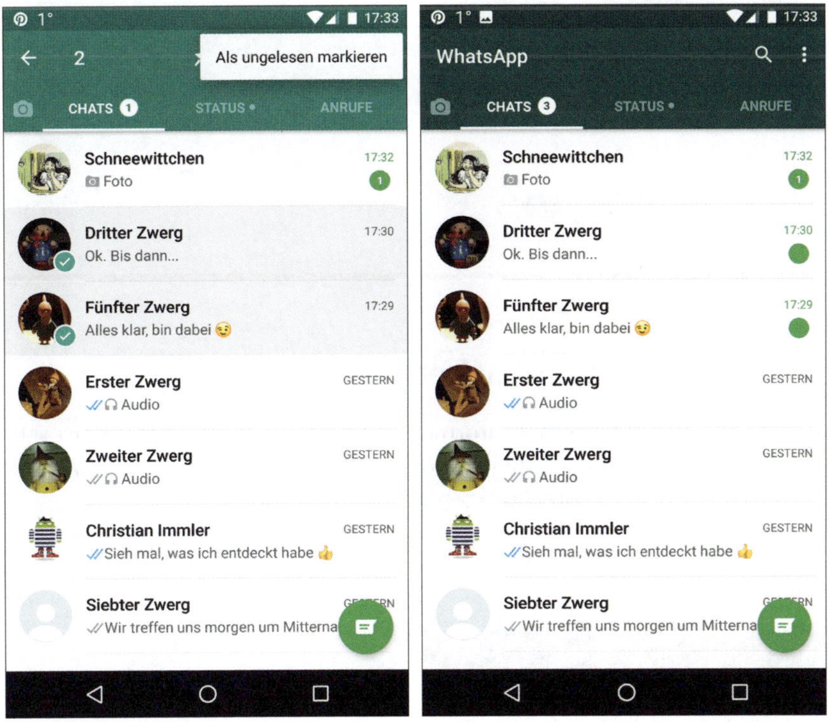

Als ungelesen markierte Chats erscheinen mit grünem Punkt, aber ohne Zahl.

+++ SO GEHT'S AUF DEM IPHONE +++

Schieben Sie in der Chatübersicht einen Chat nach rechts, erscheint links davon ein Symbol, um diesen Chat als ungelesen zu markieren.

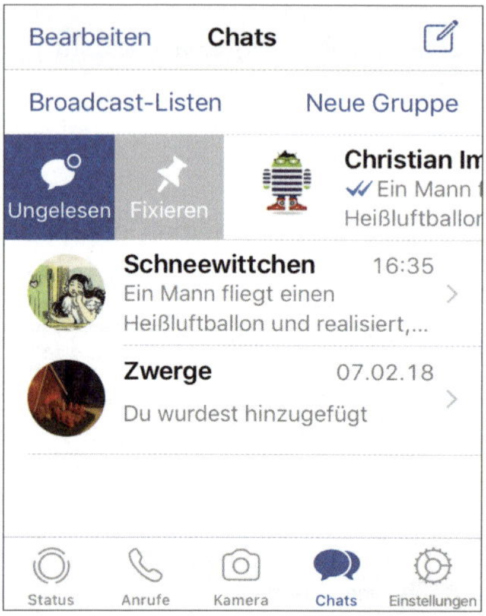

Nachrichten durchsuchen

Suchen Sie eine bestimmte Information und können diese in einem sehr langen Chatverlauf nicht mehr finden, tippen Sie im Chat oben auf das Menüsymbol mit den drei Punkten und wählen *Suchen*.

Geben Sie einen Suchbegriff ein. Mit den beiden Pfeilen rechts blättern Sie durch die Treffer.

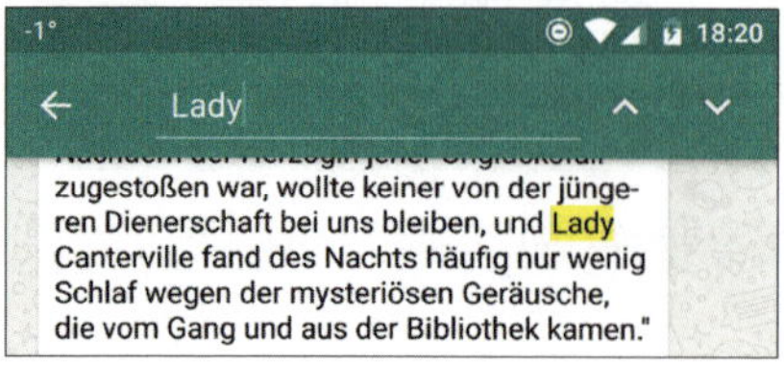

Chat nach Stichwörtern durchsuchen.

+++ SO GEHT'S AUF DEM IPHONE +++

Tippen Sie im Chat oben auf den Namen und auf der nächsten Seite auf *Chat durchsuchen*. Jetzt erscheint ein Suchfeld, in dem Sie den Suchbegriff eingeben können.

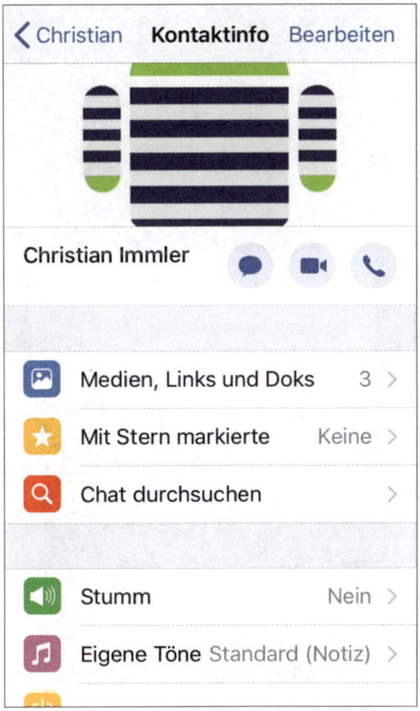

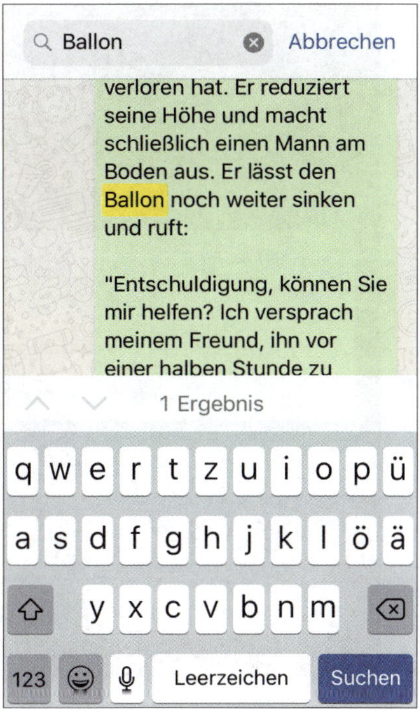

Nachrichten löschen

Immer wieder kommt es vor, dass man eine Nachricht löschen möchte, um den Chatverlauf übersichtlich zu halten, oder sogar, um eine Nachricht ungeschehen zu machen, bevor der Chatpartner sie liest.

1. Markieren Sie eine Nachricht durch langes Antippen. Jetzt können Sie weitere Nachrichten antippen und ebenfalls markieren. Die Symbolleiste zeigt oben links die Anzahl markierter Nachrichten.

2. Tippen Sie auf das Papierkorbsymbol, um die Nachricht zu löschen.
3. Wählen Sie, ob Sie die Nachricht nur aus dem eigenen Chatverlauf löschen möchten oder ob sie auch beim Chatpartner aus dem Verlauf verschwinden soll.

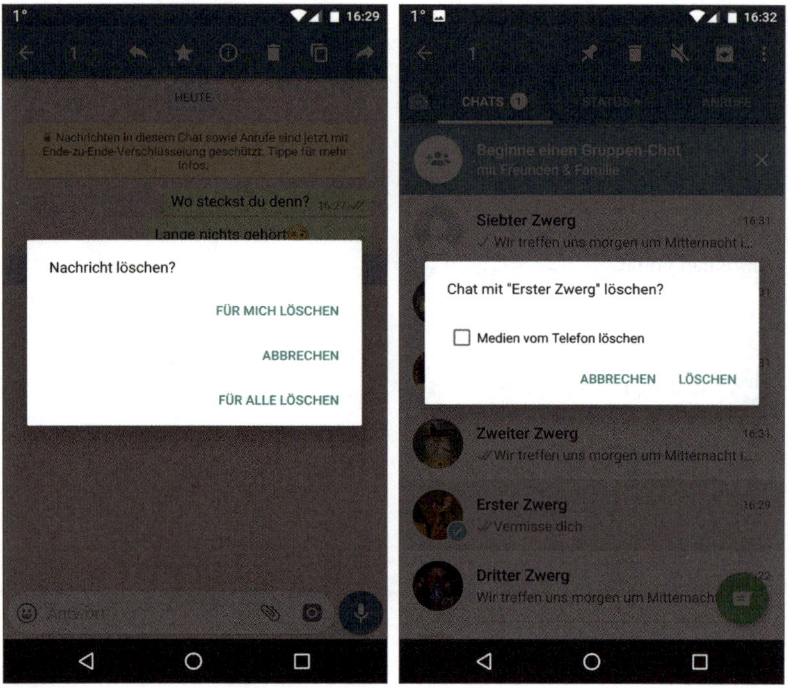

Einzelne Nachricht oder Chatverlauf löschen.

Tippen Sie in der Chatübersicht länger auf eine Person, können Sie mit dem Papierkorbsymbol den Chatverlauf komplett leeren.

Dies gilt aber nur für Ihr eigenes Smartphone, beim Chatpartner bleibt der Verlauf erhalten.

+++ SO GEHT'S AUF DEM IPHONE +++

Einzelne Nachrichten lassen sich ebenfalls durch langes Antippen löschen. Um den Chatverlauf komplett zu leeren, schieben Sie in der Chatübersicht einen Chat nach links und tippen auf das Symbol *Mehr*, um diesen Chatverlauf zu leeren.

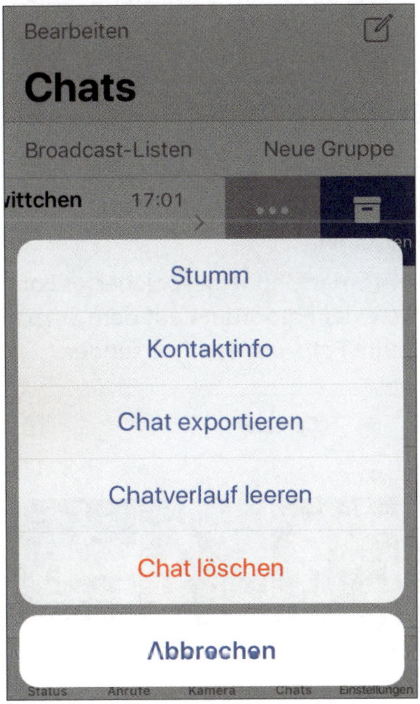

3. Bilder versenden

Bilder per WhatsApp zu versenden, ist mindestens genauso beliebt wie Textnachrichten zu schreiben. Das können Urlaubsfotos, Selfies oder witzige Bilder und Sprüche aus dem Internet sein, die auf diese Weise schnell mit Freunden geteilt werden.

Bilder auswählen

1. Schreiben Sie eine Nachricht oder tippen Sie unten im Texteingabefenster direkt auf die Büroklammer.
2. Tippen Sie auf *Galerie*, um ein auf dem Smartphone gespeichertes Foto auszuwählen. Jetzt erscheint eine Liste der Fotoordner auf dem Smartphone. Wählen Sie hier das gewünschte Foto, um es zu versenden.

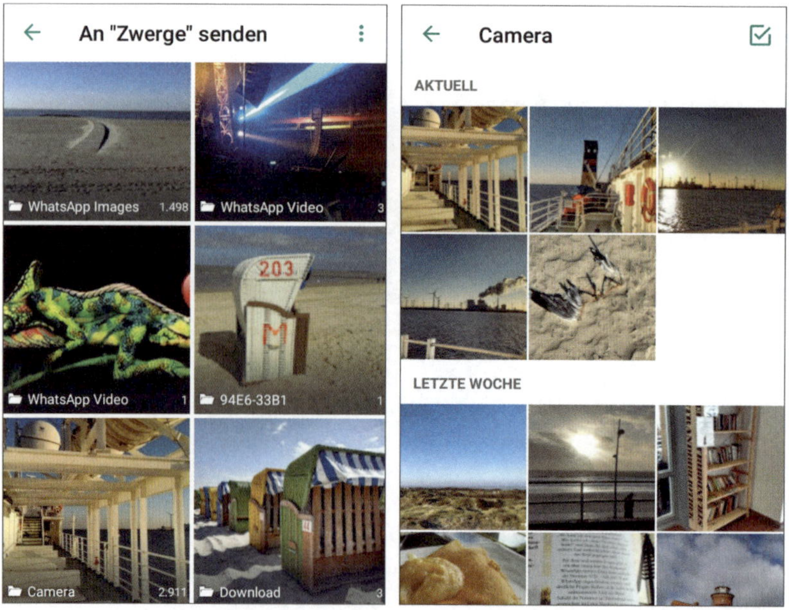

Foto in der Galerie auswählen.

3. Das Foto erscheint im Großformat, und Sie können es direkt mit dem grünen Pfeil losschicken.
4. Mit dem Bildsymbol unten links können Sie noch weitere Fotos hinzufügen, die dann alle auf einmal versendet werden.

5. Geben Sie im Feld *Beschriftung hinzufügen* noch eine kurze Textnachricht ein, dann weiß der Empfänger gleich mit dem Foto etwas anzufangen. Anschließend schicken Sie das Foto mit dem grünen Pfeil ab.

Der Empfänger braucht nur auf das Foto im Chat zu tippen, um es in voller Größe zu sehen.

Kompression spart Datenvolumen

WhatsApp komprimiert versendete Fotos automatisch, um Datenvolumen zu sparen. Dabei wird auch die Bildauflösung reduziert, was zur Anzeige auf dem Smartphone aber noch völlig ausreicht. Ein durchschnittliches Smartphone-Foto mit 3 MByte Größe ist nach der Kompression nur noch etwa 100 KByte groß.

Möchten Sie ausnahmsweise ein Bild mit voller Auflösung und Originalqualität verschicken, damit der Empfänger es zum Beispiel drucken kann, senden Sie das Bild nicht als Bild, sondern als Dokument (siehe in Kapitel 4 den Abschnitt »Dokumente und andere Dateien versenden«).

+++ SO GEHT'S AUF DEM IPHONE +++

Um Bilder oder andere Daten zu versenden, tippen Sie unten links auf das Plussymbol neben dem Texteingabefenster.

Filter

Manche mit dem Smartphone aufgenommene Fotos haben nur blasse Farben, die sich mit Filtern korrigieren lassen. In vielen Fällen brauchen Sie keine Bildbearbeitungs-App, um in WhatsApp ein Bild zu verbessern oder gezielt mit einem Effekt zu versehen.

1. Wischen Sie, während die Zeile *Nach oben wischen für Filter* angezeigt wird, senkrecht von unten nach oben über den Bildschirm.
2. Am unteren Bildschirmrand werden verschiedene Farbfilter mit Vorschaubildern eingeblendet. Wählen Sie den gewünschten Filter aus, wird er sofort angewendet. Filter werden nicht übereinander angewendet. Die Auswahl eines neuen Filters setzt den vorherigen zurück. Das Symbol ganz links zeigt das Originalfoto ohne Filter.

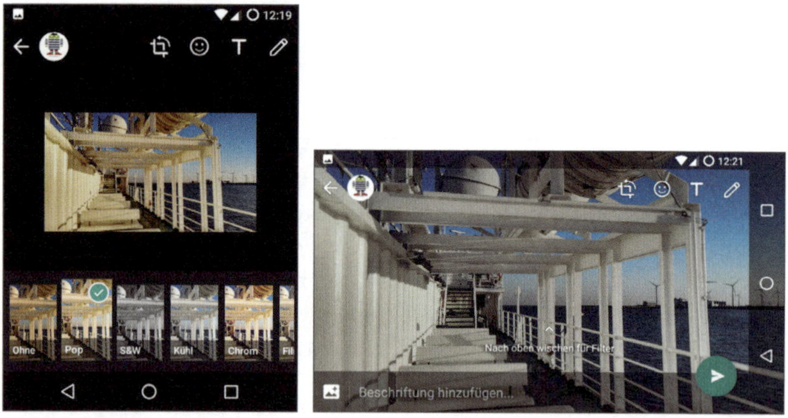

Filter auf ein Foto anwenden.

3. Tippen Sie auf das Foto, um dieses zu zoomen und so den Filtereffekt besser zu sehen. Sie können das Smartphone auch einfach quer halten, um ein Querformatfoto größer zu sehen.
4. Tippen Sie auf den grünen Pfeil, um das Foto mit angewendetem Filter abzuschicken.

Bildausschnitt wählen

Manchmal läuft eine Person ins Bild oder der wirklich interessante Teil des Bildes ist wesentlich kleiner als das aufgenommene Foto.

1. Tippen Sie auf dieses Symbol oben in der Bildanzeige. Jetzt können Sie das Bild zuschneiden. Ziehen Sie die weißen Markierungen an den Ecken oder Seiten des Bildes, um den gewünsch-

ten Ausschnitt zu wählen. Das Originalfoto bleibt auf dem Smartphone erhalten.

2. Mit dem Pfeilsymbol unten in der Mitte drehen Sie das Bild in 90°-Schritten. Besonders beim Fotografieren senkrecht nach unten, etwa bei Gegenständen, die auf dem Tisch oder Boden liegen, kommt der Lagesensor oft durcheinander und speichert eine falsche Orientierung im Foto.
3. Tippen Sie auf *Fertig*, um den Ausschnitt zu speichern und anschließend noch Filter anzuwenden oder das Bild zu verschicken.

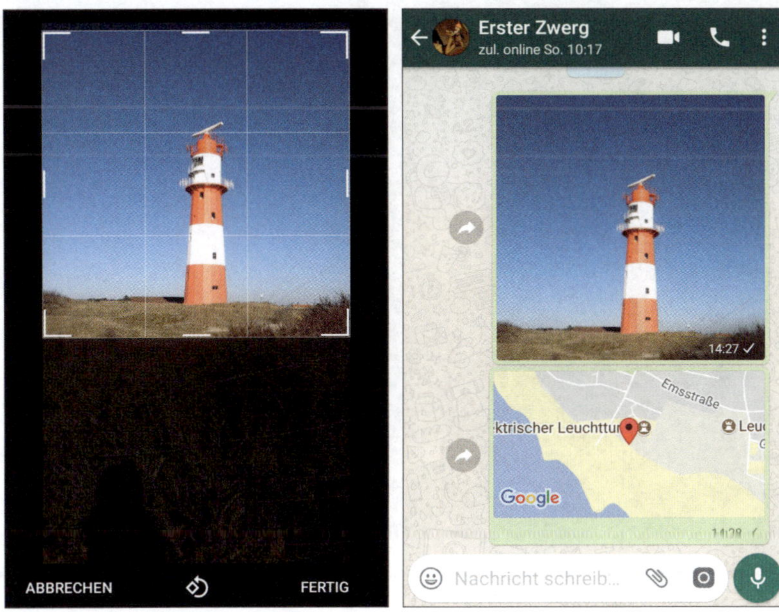

Foto zuschneiden und versenden.

Standort zum Bild

Beim Komprimieren des Fotos für den Versand gehen die im Foto gespeicherten Standortinformationen verloren. Möchten Sie dem Empfänger mitteilen, wo das Foto aufgenommen wurde, schicken Sie einfach den Standort hinterher (siehe in Kapitel 4 den Abschnitt »Standort versenden«), vorausgesetzt Sie befinden sich noch an der Stelle.

+++ SO GEHT'S AUF DEM IPHONE +++

Bilder können nicht nur in 90°-Schritten, sondern frei gedreht werden, um z. B. einen schiefen Horizont gerade zu ziehen. Mit dem Symbol rechts unten können Sie typische Standardseitenverhältnisse für Bildausschnitte wählen.

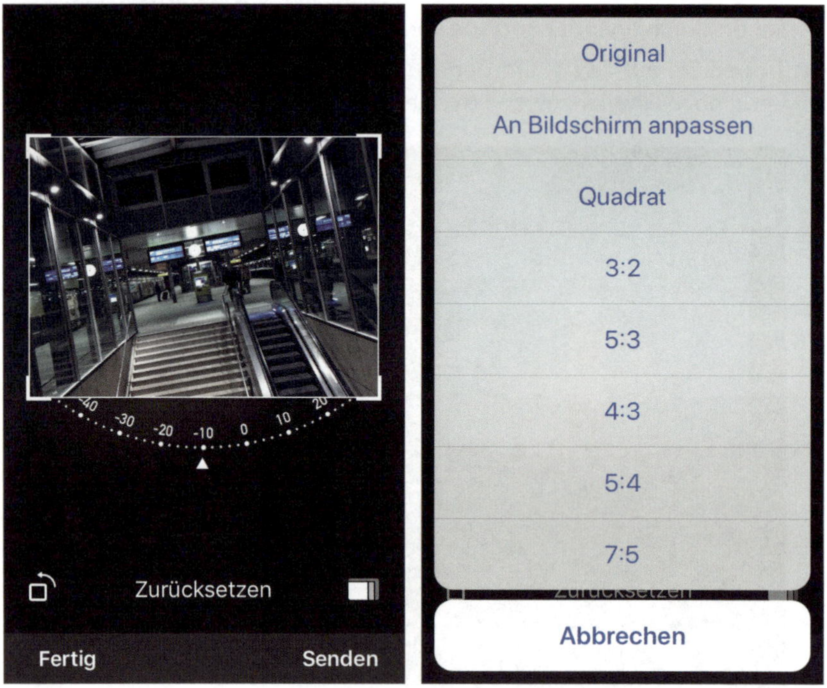

Symbole in Bilder einbetten

Um im Foto etwas hervorzuheben oder einfach nur aus Spaß können Sie in Fotos Bildsymbole einfügen. Das Originalfoto bleibt auf dem Smartphone erhalten.

1. Tippen Sie auf dieses Symbol oben in der Bildanzeige, wird eine Auswahl der wichtigsten Emojis angezeigt.

2. Tippen Sie auf ein Emoji, erscheint es im Bild und Sie können es an die gewünschte Position verschieben. Mit zwei Fingern drehen und zoomen Sie das Emoji.
3. Die beiden Uhren ganz oben in der Liste zeigen immer die aktuelle Uhrzeit.
4. Pfeil, Kreis, Quadrat und Sprechblasen lassen sich farblich verändern. Dazu wird rechts ein Farbbalken angezeigt, über den Sie die gewünschte Farbe auswählen können.

Emojis und Pfeile in ein Bild einfügen.

Schreiben und Malen im Bild

Mit dem Malstift malen Sie direkt ins Bild. Auch hier lässt sich die Farbe auf einer Regenbogenskala auswählen.

Dieses Symbol blendet die Tastatur ein, um einen Text ins Bild zu schreiben. Diesen können Sie anschließend verschieben oder skalieren.

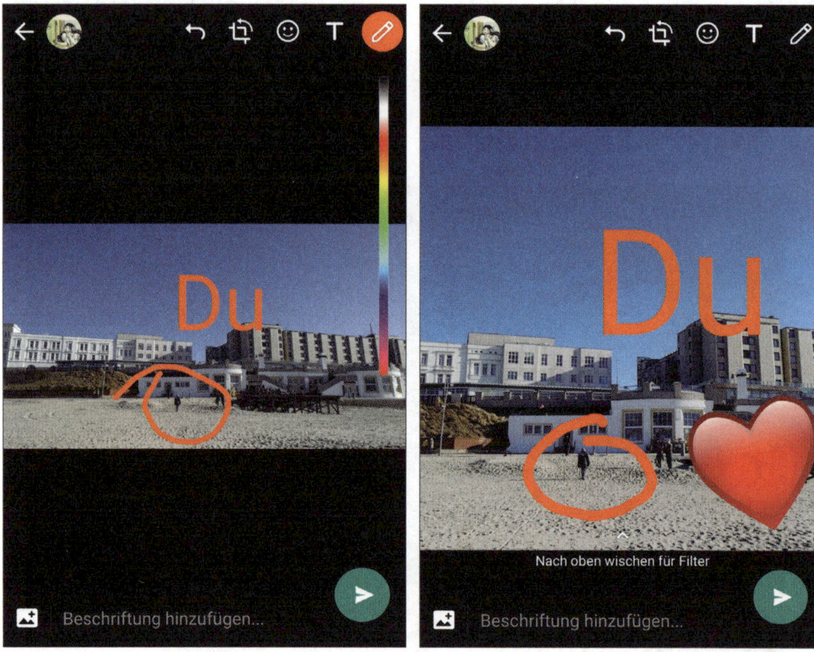

Selbstverständlich lassen sich Malstift, Text, Emojis, Filter und Bildausschnitt beliebig kombinieren.

Fotografieren mit WhatsApp

WhatsApp beinhaltet eine eigene Kamerafunktion, um Fotos aufzunehmen und sofort zu versenden, ohne erst die Kamera-App zu öffnen, das Bild zu speichern und später in WhatsApp zu übernehmen. Dabei gibt es zwei Möglichkeiten:

- Das Kamerasymbol links oben in der WhatsApp-Chatübersicht startet die Kamera. Nachdem Sie ein Bild aufgenommen und eventuell noch bearbeitet haben, wählen Sie die Person aus, an die das Bild gesendet werden soll.

- Das Kamerasymbol unten rechts im Texteingabefeld eines Chats startet ebenfalls die Kamera. Das Bild wird anschließend an die Person gesendet, mit der Sie gerade chatten.

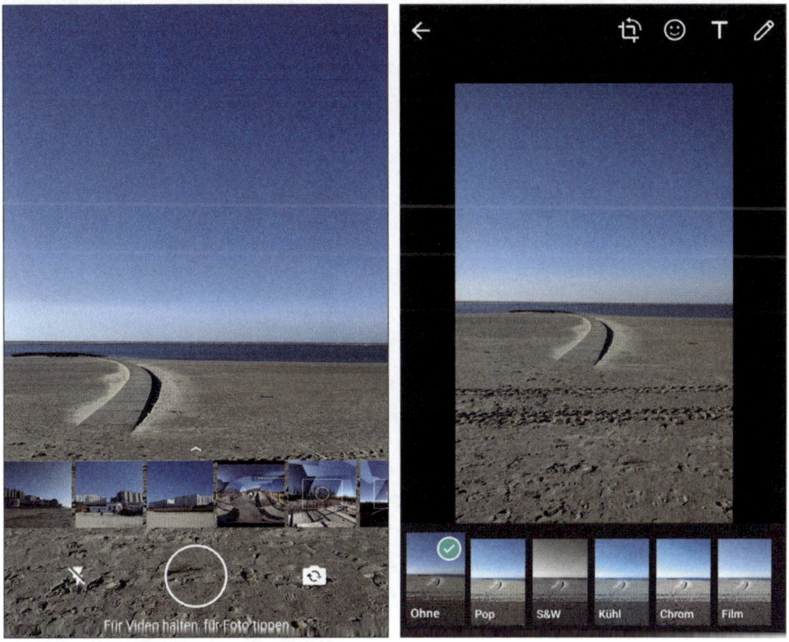

Die Kamerafunktion in WhatsApp. Nach der Aufnahme können die bekannten Filter und Bearbeitungswerkzeuge genutzt werden.

Die WhatsApp-Kamera im Überblick

- Tippen Sie auf den runden Auslöser in der Mitte unten, um ein Bild aufzunehmen. Längeres Halten nimmt ein Video auf.
- Das Blitzsymbol unten links schaltet zwischen Blitzautomatik, Blitz ein und Blitz aus um.
- Das Kamerasymbol unten rechts schaltet zwischen Hauptkamera und Frontkamera um.

- Die zuletzt aufgenommenen Fotos werden in einer seitlich verschiebbaren Leiste angezeigt. Hier können Sie ein Foto auswählen, statt ein neues zu fotografieren. Schieben Sie die Fotoleiste nach oben, erscheint eine Übersicht aller Fotos auf dem Smartphone nach Aufnahmedatum sortiert.
- Tippen Sie mitten ins Bild, verschwindet die Fotoleiste. Jetzt können Sie den Bereich wählen, auf den der Autofokus der Kamera scharf stellen soll.
- Für Aufnahmen im Querformat halten Sie einfach das Smartphone quer. Das funktioniert auch innerhalb von WhatsApp.

WhatsApp-Kamera auf dem Startbildschirm

Android 8 Oreo bietet die sogenannten App-Shortcuts, wenn Sie ein App-Symbol auf dem Startbildschirm länger antippen. WhatsApp zeigt als App-Shortcuts häufig kontaktierte Personen sowie ein Kamerasymbol an.

Tippen Sie auf das Kamerasymbol, öffnet sich direkt die WhatsApp-Kamera und Sie können ein Foto aufnehmen. Anschließend legen Sie fest, wem Sie es schicken möchten.

Ziehen Sie das App-Shortcut mit der Kamera auf den Startbildschirm, können Sie die Kamera immer schnell mit einem einzigen Antippen erreichen.

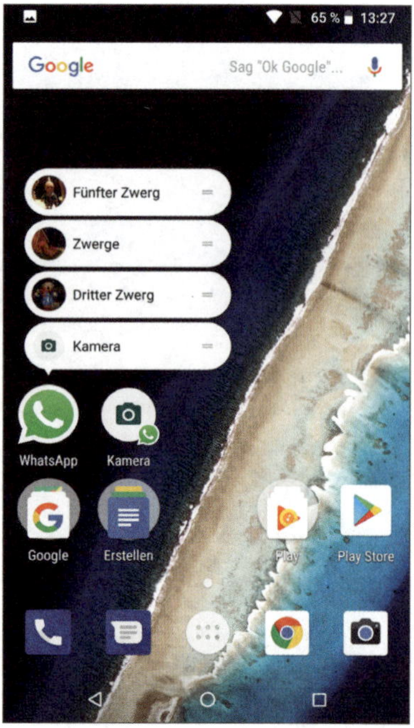

Shortcut für die WhatsApp-Kamera auf den Startbildschirm ziehen.

+++ SO GEHT'S AUF DEM IPHONE +++

Diese Funktion ist auf dem iPhone nicht verfügbar.

Bilder an andere Personen weiterleiten

Ein Bild aus einem Chat an eine andere Person weiterzuleiten, ist genauso einfach wie bei einer Textnachricht.

1. Tippen Sie auf den Pfeil neben dem Bild und wählen Sie anschließend eine oder mehrere Personen aus, an die das Bild weitergeleitet werden soll.
2. Möchten Sie mehrere Bilder auf einmal weiterleiten, tippen Sie länger auf ein Bild, bis die Nachricht leicht grün hinterlegt wird und oben die Symbolleiste erscheint.

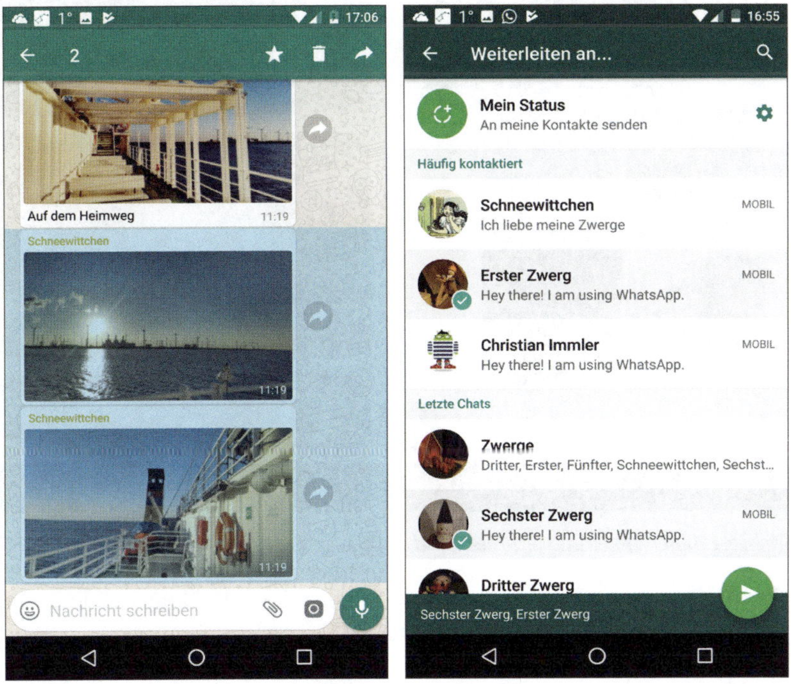

Bilder an andere Personen weiterleiten.

3. Tippen Sie dann auf die anderen Bilder, die weitergeleitet werden sollen.

4. Tippen Sie zum Schluss auf den Pfeil nach rechts in der Symbolleiste und wählen Sie die Personen, die die Bilder bekommen sollen.

Erhalten Sie von einer Person in einem kurzen Zeitraum viele Fotos hintereinander, fasst WhatsApp diese zu einem Nachrichtenblock zusammen.

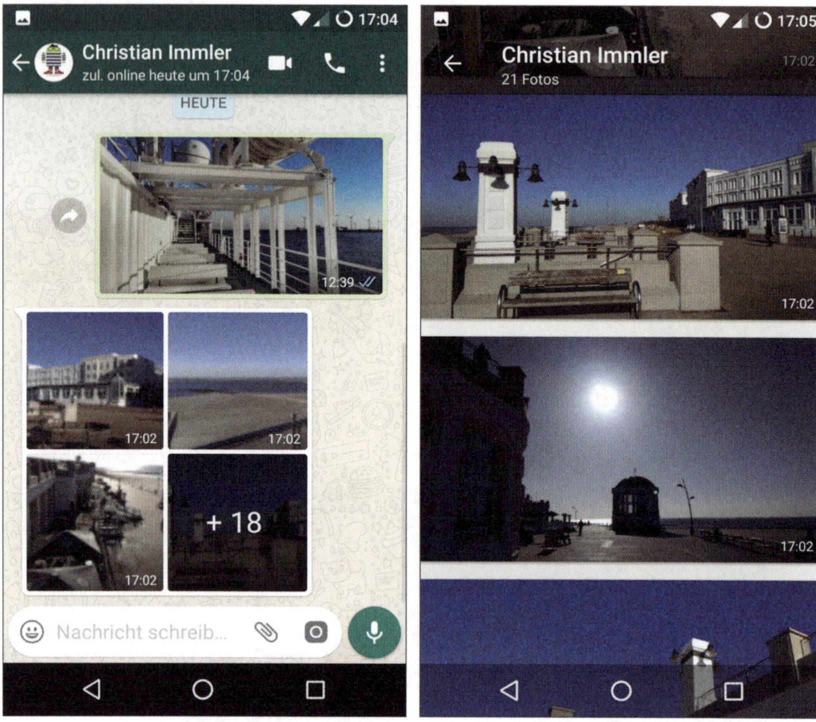

Mehrere Bilder auf einmal erhalten und ansehen.

Tippen Sie auf die Nachricht, sehen Sie alle Bilder und können diese antippen und in voller Größe betrachten.

Ein solcher Bilderblock lässt sich durch längeres Antippen im Ganzen weiterleiten, ohne jedes Bild einzeln auswählen zu müssen.

Bilder aus anderen Apps in WhatsApp versenden

Alle Apps, die Bilder bearbeiten oder anzeigen, haben irgendwo im Menü ein *Teilen*-Symbol.

Tippen Sie darauf, erscheint eine Liste von Apps, mit denen das gerade geöffnete Bild oder auch mehrere ausgewählte geteilt werden können.

Viele Apps zeigen dabei auch eine Liste häufig kontaktierter Personen an, wo bei regelmäßiger Nutzung auch Ihre wichtigsten WhatsApp-Kontakte auftauchen.

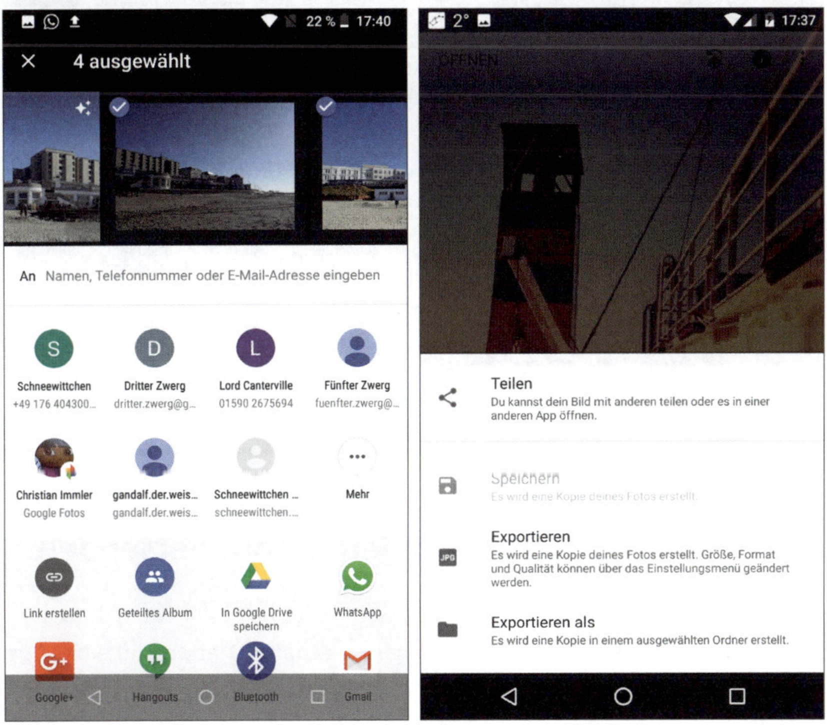

Teilen in Google Fotos und Snapseed.

+++ SO GEHT'S AUF DEM IPHONE +++

Öffnen Sie die App *Fotos* und tippen Sie in der Bilderliste oben auf *Auswählen*. Suchen Sie die zu versendenden Bilder aus und tippen Sie auf das *Teilen*-Symbol unten links. Wählen Sie dann WhatsApp aus der Liste der Apps und anschließend die Personen, die die Bilder erhalten sollen.

Bilder aus WhatsApp in anderen Apps versenden oder weiterbearbeiten

Möchten Sie ein Bild, das Sie über WhatsApp erhalten haben, mit einer App weiterbearbeiten oder auf anderem Wege teilen, zum Beispiel per E-Mail, tippen Sie oben rechts in der Bildanzeige auf das Menü mit den drei Punkten und wählen *Teilen*. Auch hier erscheint eine Liste von Apps, mit denen das gerade geöffnete Bild geteilt oder bearbeitet werden kann. Wählen Sie die gewünschte App aus, und das Bild wird automatisch darin geöffnet.

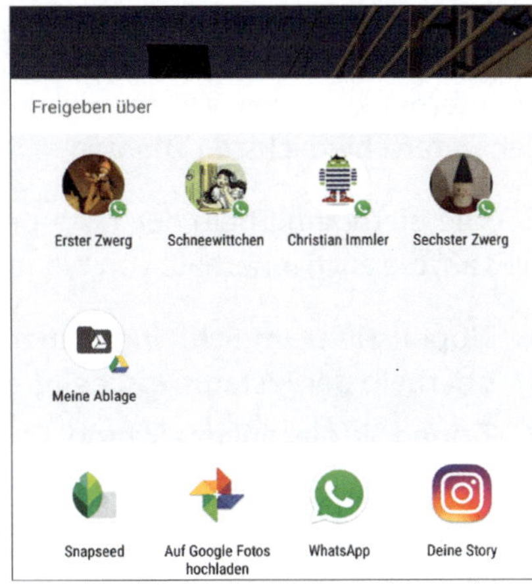

Foto aus WhatsApp mit anderen Apps weiterbearbeiten oder teilen.

+++ SO GEHT'S AUF DEM IPHONE +++

Tippen Sie im Chat auf das Foto, um es als Vollbild anzuzeigen. Tippen Sie dann unten links auf das *Teilen*-Symbol und wählen Sie im Menü *Teilen*. Suchen Sie auf dem nächsten Bildschirm die gewünschte App aus, und das Bild wird automatisch darin geöffnet.

GIFs finden und versenden

Im Internet kursieren Millionen kleiner animierter Bilder im GIF-Format zu den unterschiedlichsten Themen.

Google bietet innerhalb der Tastatur *Gboard* eine Suchfunktion für solche GIFs an, die auch innerhalb von WhatsApp verwendet werden kann.

1. Tippen Sie beim Schreiben einer Nachricht auf den kleinen Pfeil links oberhalb der Tastatur, erscheint eine Symbolleiste.
2. Tippen Sie hier auf das Symbol *GIF*. Wischen Sie nach links und rechts, erscheinen populäre GIFs, die Sie direkt auswählen und versenden können.
3. Geben Sie im Suchfeld ein Stichwort ein, sucht Google nach passenden GIFs. Unterhalb der Bilder werden häufig verwendete Suchbegriffe vorgeschlagen.

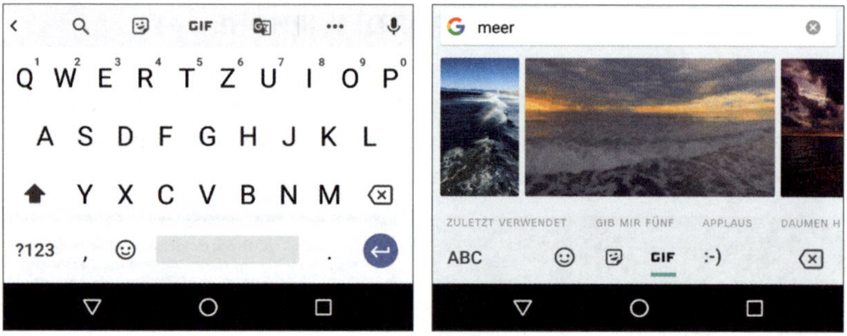

GIFs suchen und verschicken.

+++ SO GEHT'S AUF DEM IPHONE +++

Tippen Sie im Chat auf das Plussymbol unten links und wählen Sie im Menü *Foto- und Videomediathek*. Tippen Sie auf dem nächsten Bildschirm unten links auf das Suchsymbol *GIF* und geben Sie im Suchfeld ein Stichwort ein. Eine Liste häufig verwendeter Suchbegriffe gibt es hier nicht.

Videos versenden

Videos aufzunehmen und zu versenden, funktioniert prinzipiell wie bei Fotos.

1. Halten Sie in der WhatsApp-Kamera den Auslöser länger gedrückt, um ein Video aufzuzeichnen.
2. Das Video wird als Bildfolge am oberen Bildschirmrand angezeigt. Jetzt haben Sie noch die Möglichkeit, unwichtige Teile am Anfang und Ende wegzuschneiden.

Video zuschneiden und versenden.

3. Auch in Videos können Sie malen oder Emojis einfügen.
4. Sie haben zudem die Möglichkeit, das Video als Video oder als GIF zu versenden. GIFs sind wesentlich höher komprimiert, verbrauchen also weniger Datenvolumen und werden beim Empfänger wie ein Bild sofort angezeigt, können aber keinen Ton enthalten. Ein Video dagegen muss in der Standardeinstellung vom Empfänger erst (nach Möglichkeit über WLAN) heruntergeladen und dann durch Antippen gestartet werden.

Achtung Datenvolumen

Videos verbrauchen im Vergleich zu Fotos extrem viel Datenvolumen. Daher begrenzt WhatsApp die Größe eines Videos auf 16 MByte, was je nach Bildqualität und Auflösung bereits nach etwa zwei Minuten erreicht sein kann.

WhatsApp-Fotos automatisch auf Google Fotos oder OneDrive sichern

Auf jedem aktuellen Android-Smartphone ist Google Fotos installiert. Damit können Sie die WhatsApp-Fotos leicht auf jedem PC betrachten.

1. Tippen Sie in der Google-Fotos-App oben links auf das Menü und dann auf *Einstellungen/Sichern und synchronisieren/Geräteordner sichern*. Schalten Sie hier den Ordner *WhatsApp Images* ein.
2. Melden Sie sich im Browser auf dem PC bei photos.google.com mit Ihrem Google-Konto an, sehen Sie außer den Fotos von der Smartphone-Kamera jetzt auch Ihre WhatsApp-Fotos.

Google speichert die Fotos nicht nach Ordnern getrennt. Deshalb erscheinen WhatsApp-Bilder und eigene Fotos alle nebeneinander.

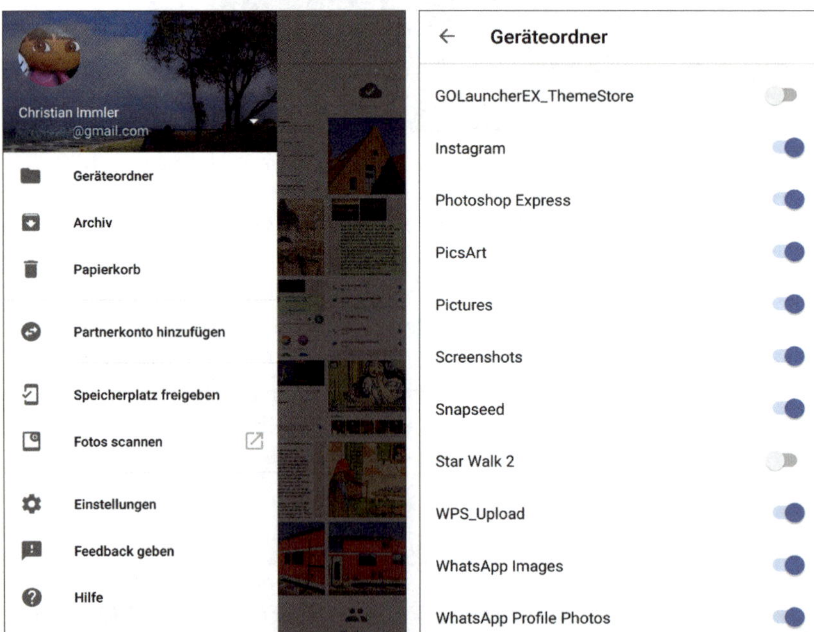

Einstellungen zur automatischen Sicherung von WhatsApp-Fotos bei Google Fotos.

+++ SO GEHT'S AUF DEM IPHONE +++

Standardmäßig werden alle Bilder auf dem iPhone auch in der iCloud gespeichert. Dazu muss nur in den iPhone-Einstellungen unter *Fotos* der Schalter *iCloud-Fotomediathek* aktiviert sein. Eine Auswahlmöglichkeit, einzelne Ordner zu synchronisieren, gibt es hier nicht. In den WhatsApp-Einstellungen unter *Chats* legen Sie fest, ob Bilder aus WhatsApp auf dem iPhone gespeichert werden sollen – und damit je nach Einstellung auch in der iCloud.

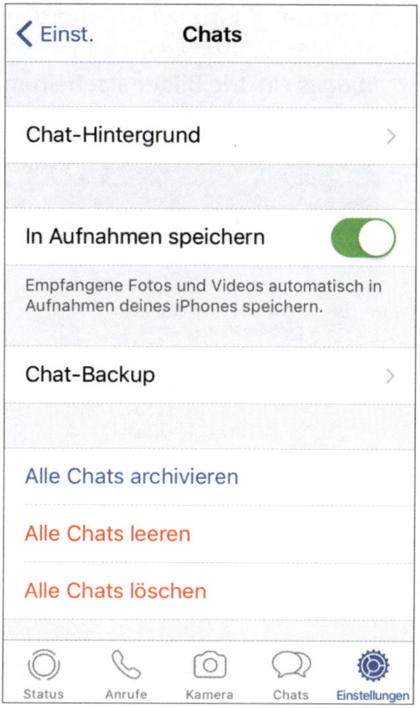

WhatsApp-Fotos auf dem PC betrachten

Möchten Sie die Fotos von WhatsApp auf dem PC nicht einzeln aus dem Browser herunterladen, sondern alle offline zur Verfügung haben, um sie auf dem Notebook auch ohne Internetverbindung zu betrachten oder mit einem Bildbearbeitungsprogramm weiterzubearbeiten, haben Sie mehrere Möglichkeiten, alle Bilder auf einmal zu übertragen:

- Laden Sie sich bei www.google.com/intl/de_ALL/drive/download das Programm *Backup & Sync* herunter. Damit lassen sich komplette Ordner von Google Drive, wo auch die Fotos liegen, mit dem PC synchronisieren.
- Nutzer von Windows 10 können die Android-App für OneDrive installieren. Tippen Sie nach der Anmeldung mit dem Microsoft-Konto auf *Ich* und dann auf *Einstellungen/Kamera Upload/Zusätzliche Ordner*. Schalten Sie hier den Ordner *WhatsApp Images* ein. Die Bilder erscheinen dann automatisch auf dem PC im Explorer unter *OneDrive\Bilder\Eigene Aufnahmen*.

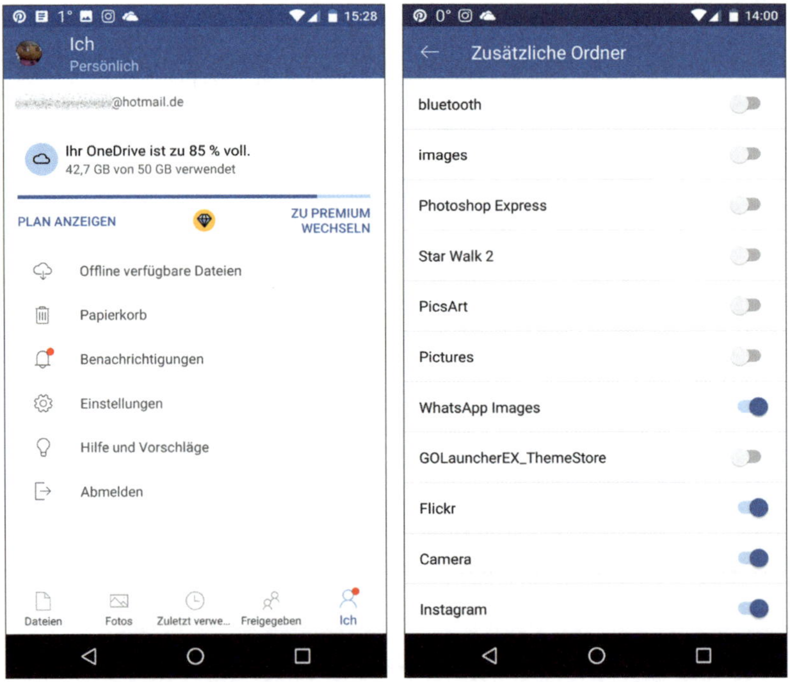

Einstellungen zur automatischen Sicherung von WhatsApp-Fotos bei OneDrive.

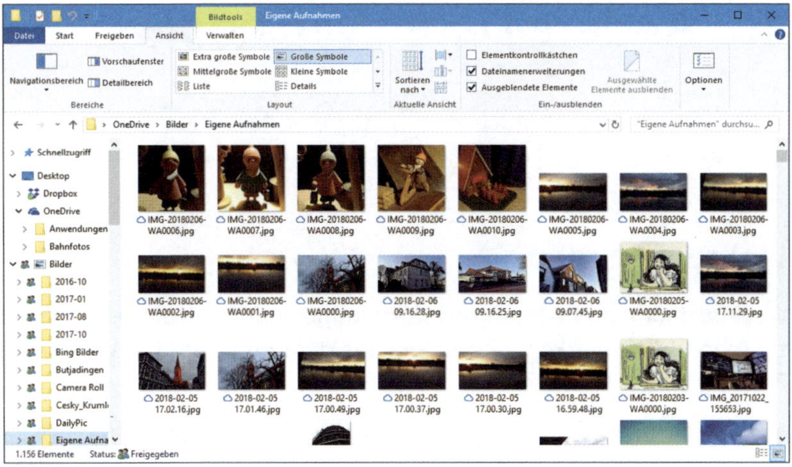

WhatsApp-Fotos über OneDrive im Explorer von Windows 10 betrachten.

- Eine weitere Möglichkeit ist, das Smartphone per USB-Kabel mit dem PC zu verbinden. Dann sehen Sie den internen Gerätespeicher und die Speicherkarte als Laufwerke im Explorer. Auf dem Smartphone unter *\WhatsApp\Media* finden Sie einzelne Unterordner für Bilder, Dokumente, Profilfotos, Audios und Videos, die Sie auf den PC kopieren können. Wählen Sie beim Anschluss auf dem Smartphone die Option *Dateien übertragen*. Dann wird das Smartphone auf dem PC als USB-Laufwerk angezeigt.

+++ SO GEHT'S AUF DEM IPHONE +++

Die Fotos in iCloud können Sie im Browser auf dem PC unter www.icloud.com nach Anmeldung mit Ihrer Apple-ID sehen und herunterladen. Dort finden Sie auch ein Programm *iCloud für Windows*, um die Daten automatisch auf dem PC zu synchronisieren.

4. Andere Daten versenden

Außer Bildern können auch verschiedene andere Daten über WhatsApp versendet werden, viel einfacher und schneller als zum Beispiel per E-Mail.

Links versenden

Wer eine interessante Internetseite gefunden hat, kann diese, ohne sie sich zwischendurch merken zu müssen, aus dem Browser über WhatsApp an Freunde weiterleiten.

1. Wählen Sie im Menü des Chrome-Browsers rechts oben die Option *Teilen*. Jetzt öffnet sich die Auswahl aller im System eingetragenen Kommunikationsmethoden, die sich zum Weiterleiten oder Speichern von Internetadressen eignen.

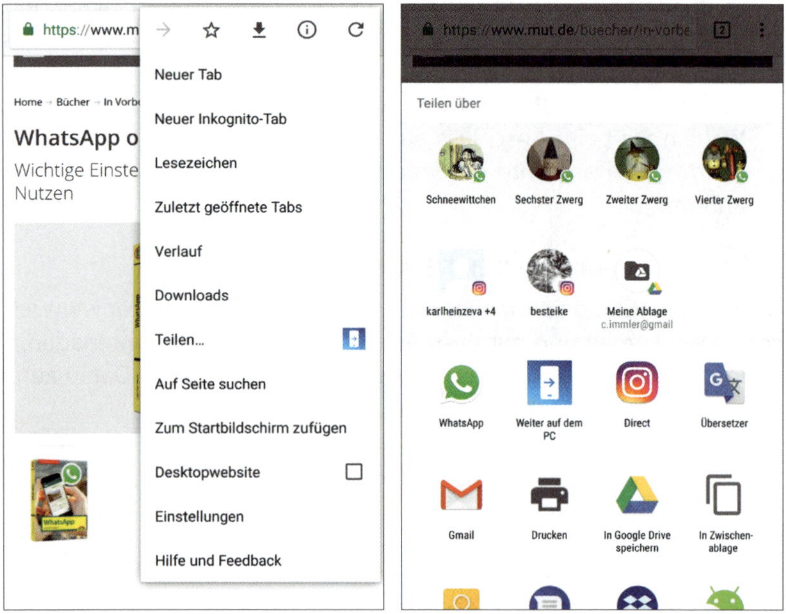

Link aus dem Browser teilen.

2. Wählen Sie hier *WhatsApp* aus und leiten Sie so den Link zur aktuellen Webseite weiter. Im nächsten Schritt wählen Sie die Personen aus, die den Link erhalten sollen.
3. Personen, mit denen Sie oft über WhatsApp chatten, werden direkt auf dem Teilen-Bildschirm als Verknüpfung angezeigt. Tippen Sie einfach darauf.
4. Jetzt können Sie noch einen Kommentar zu dem Link schreiben und ihn versenden. WhatsApp fügt automatisch eine Kurzzusammenfassung der Webseite ein, wenn die Seite diese anbietet.

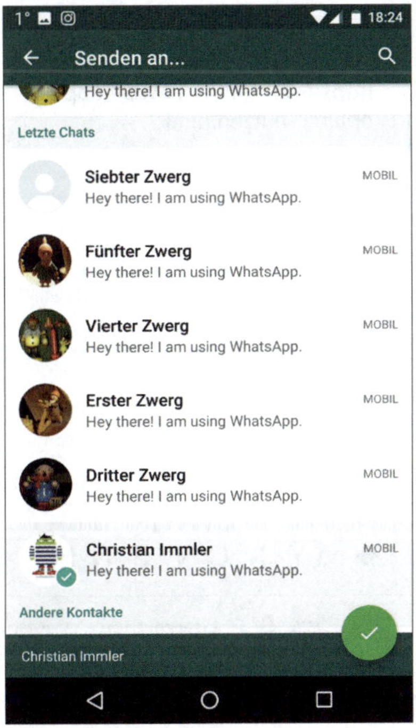

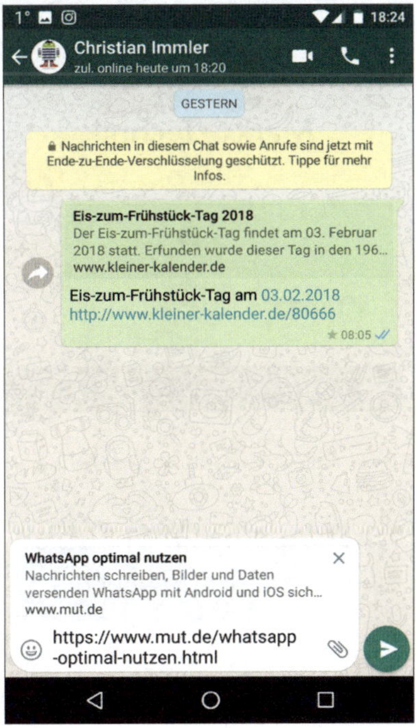

Personen auswählen und Link senden.

5. Der Empfänger braucht nur auf den Link zu tippen, um ihn im Browser auf dem Smartphone zu öffnen.

+++ SO GEHT'S AUF DEM IPHONE +++

Öffnen Sie im Browser die gewünschte Webseite und tippen Sie in der Mitte unten auf das *Teilen*-Symbol. Sollte die Symbolleiste unten nicht angezeigt werden, wischen Sie nach unten. Wählen Sie dann WhatsApp aus der Liste der Apps und anschließend die Personen, die den Link erhalten sollen. WhatsApp wird dabei nicht im Vordergrund geöffnet, Sie haben aber die Möglichkeit, zusätzlich zum Link noch eine Textnachricht zu schreiben.

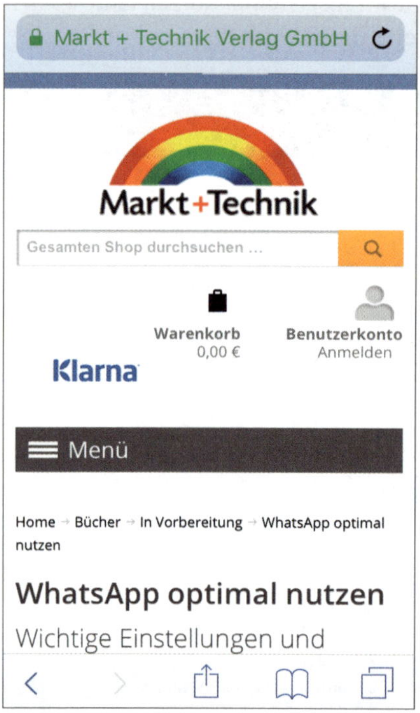

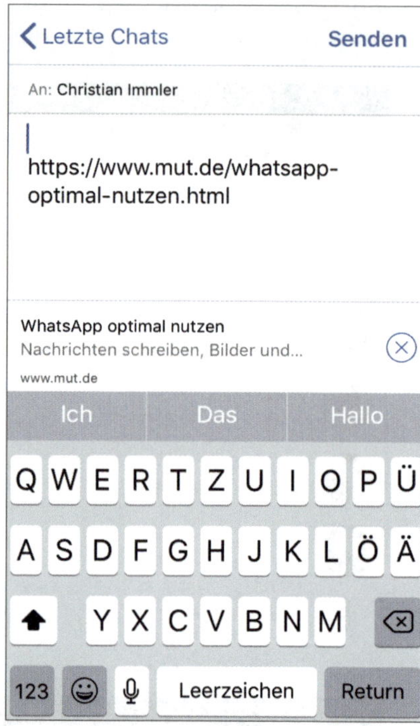

Dokumente und andere Dateien versenden

Sie können auch Dokumente, die sich auf dem Smartphone befinden, per WhatsApp versenden. Dabei interpretiert WhatsApp den Begriff Dokument sehr großzügig. Neben Dokumenten im PDF- und DOC-Format können auf diesem Weg auch diverse andere Dateien versendet werden. Die maximale Größe einer übertragbaren Datei beträgt 100 MByte.

1. Schreiben Sie eine Nachricht und tippen Sie unten im Texteingabefenster auf die Büroklammer.

2. Tippen Sie auf *Dokument*, um ein Dokument auszuwählen. Jetzt erscheint eine Liste von Dokumenten und anderen Dateien auf dem Smartphone. Wählen Sie hier die gewünschte Datei, um sie zu versenden.

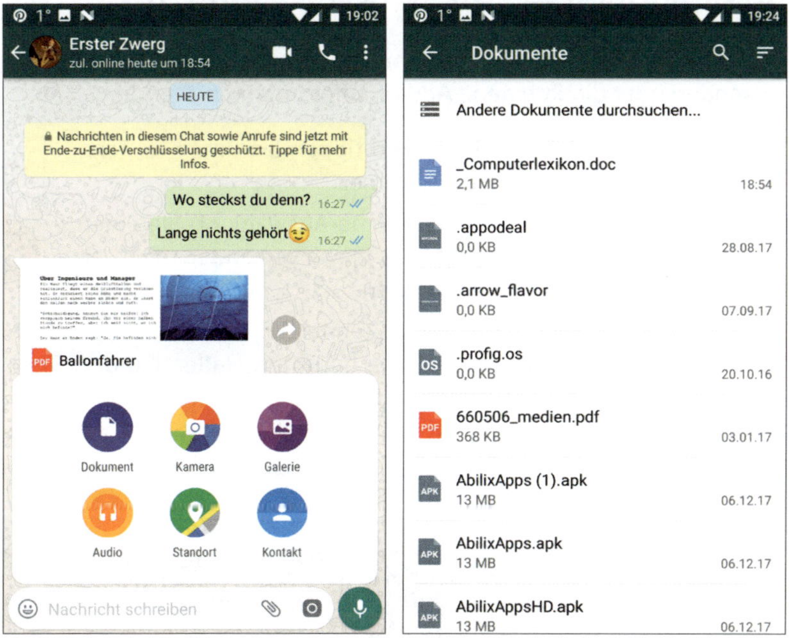

Dateien zum Versand über WhatsApp auswählen.

3. Die Zeile *Andere Dokumente durchsuchen* ganz oben öffnet den Google-Drive-Dateimanager, mit dem Sie die Ordner auf dem Smartphone und der Speicherkarte sowie Ihren Cloud-Speicher Google Drive durchsuchen können, um Dateien von dort per WhatsApp zu versenden. Ist die OneDrive-App von Microsoft installiert, haben Sie an dieser Stelle auch Zugriff auf Ihr persönliches OneDrive.

Der Empfänger kann die meisten Dateiformate direkt aus WhatsApp heraus durch einfaches Antippen öffnen.

+++ SO GEHT'S AUF DEM IPHONE +++

Um Daten zu versenden, tippen Sie unten links auf das Plussymbol neben dem Texteingabefenster. Wählen Sie dann den Datentyp. Das Versenden von Musik ist nicht möglich.

Audioaufnahmen und Musik versenden

Sie können per WhatsApp auf dem Smartphone gespeicherte Musiktitel versenden oder direkt eigene Audios aufnehmen und senden.

1. Schreiben Sie eine Nachricht und tippen Sie unten im Texteingabefenster auf die Büroklammer.
2. Tippen Sie auf *Audio*, erscheint eine Auswahl, ob Sie einen Musiktitel aus dem Google-Musik-Player versenden möchten oder eine Audioaufnahme machen.
3. Musiktitel aus Google Play Music können nur versendet werden, wenn diese bereits auf das Smartphone heruntergeladen wurden. Titel, die nur per Streaming angehört werden, können nicht versendet werden.
4. Für eigene Audioaufnahmen startet der *WhatsApp Recorder*. Hier können Sie mit dem Smartphone eine Audiodatei aufnehmen und vor dem Absenden auch noch anhören.

Audio in WhatsApp aufnehmen.

+++ SO GEHT'S AUF DEM IPHONE +++

Auf dem iPhone gibt es keinen Audiorecorder. Verwenden Sie stattdessen Sprachnachrichten. Empfangene Musik kann auf dem iPhone aus dem Chat heraus abgespielt, aber nicht gespeichert werden.

Standort versenden

Um sich leicht zu verabreden, kann WhatsApp die aktuelle Position verschicken. Der Empfänger bekommt einen Kartenausschnitt mit Google-Maps-Link, in dem die Position des Absenders eingetragen ist.

Damit dies wirklich zuverlässig funktioniert, muss natürlich GPS auf dem Smartphone eingeschaltet sein und WhatsApp muss Zugriff auf die Standortdienste haben.

1. Schreiben Sie eine Nachricht und tippen Sie unten im Texteingabefenster auf die Büroklammer.
2. Tippen Sie auf *Standort*, erscheint eine Karte mit Ihrer aktuellen Position.
3. Tippen Sie hier auf *Aktuellen Standort senden*, um den angezeigten Standort zu senden. Sollte dieser durch Gebäudeverschattung nicht genau stimmen, wählen Sie in der Liste darunter ein bekanntes Gebäude, in dem Sie sich befinden oder in der Nähe sind, aus.

Live-Standort für Verabredungen

Möchten Sie sich mit einem Freund treffen und sind Sie gerade beide in der gleichen Stadt unterwegs, brauchen Sie nicht alle paar Minuten Ihren Standort neu zu teilen, um sich irgendwann zu begegnen.

1. Schreiben Sie eine Nachricht und tippen Sie unten im Texteingabefenster auf die Büroklammer.
2. Tippen Sie auf *Standort* und auf dem nächsten Bildschirm auf *Live-Standort teilen*.
3. Wählen Sie jetzt noch eine Zeit, wie lange der Standort automatisch live übermittelt werden soll, und schreiben Sie dem Empfänger noch einen kurzen Kommentar.
4. Der Empfänger bekommt einen Kartenausschnitt angezeigt. Beim Antippen des Links *Live-Standort ansehen* erscheint eine Karte, in der der aktuelle Standort des Absenders regelmäßig aktualisiert wird.

5. Der Absender kann die Übertragung des Live-Standorts jederzeit mit einem Klick beenden.

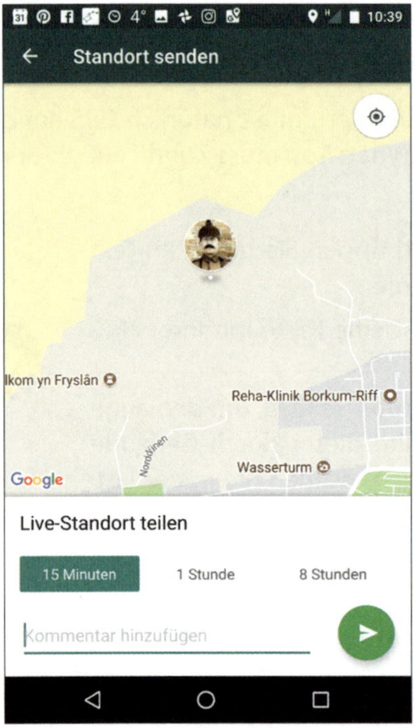

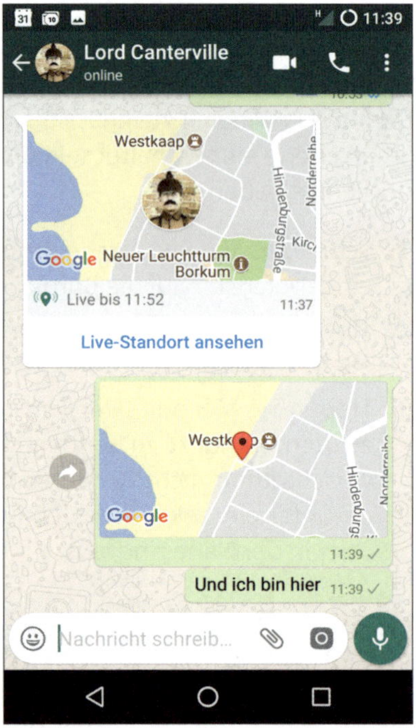

Live-Standort per WhatsApp teilen.

+++ SO GEHT'S AUF DEM IPHONE +++

Die Standortdaten sind zwischen iPhone und Android austauschbar. Erhalten Sie einen Standort von einer Person, wird dieser in der Karten-App auf dem iPhone angezeigt.

5. Sprachnachrichten und Telefonieren

WhatsApp ist längst mehr als eine Chat-App. Eine entsprechend stabile und schnelle Internetverbindung vorausgesetzt, kann WhatsApp auch zur Übertragung von Sprache und Bild in Echtzeit genutzt werden.

Sprachnachrichten aufnehmen und senden

Haben Sie gerade keine Hand zum Tippen frei? WhatsApp bietet die Möglichkeit, Sprachnachrichten zu versenden, die der Chatpartner anhören kann. Das macht die WhatsApp-Nutzung auch für Personen möglich, die Schwierigkeiten mit der Bedienung der Touchtastatur bzw. mit dem Lesen haben.

1. Tippen Sie in einem Chat auf das Mikrofonsymbol unten rechts und halten Sie es fest.

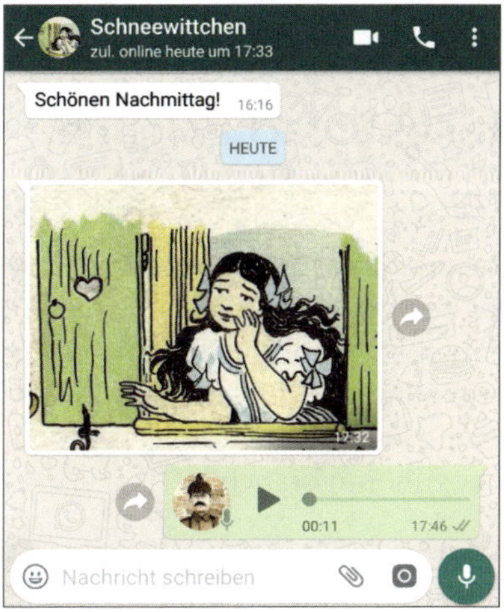

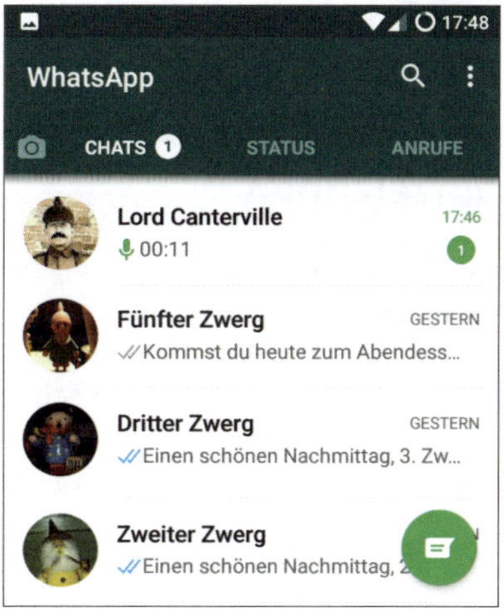

Sprachnachricht absenden und empfangen.

2. Sprechen Sie in das Mikrofon des Smartphones. Solange Sie das Mikrofonsymbol festhalten, wird die Sprachnachricht aufgenommen. Lassen Sie es los, wird diese automatisch gesendet, ohne dass Sie einen grünen Button wie bei Textnachrichten und Bildern antippen müssen.
3. Der Versand einer Sprachnachricht dauert, bedingt durch das Datenvolumen von etwa 1 MByte pro Minute etwas länger als bei einer Textnachricht.
4. Der Empfänger findet die Sprachnachricht in seinem Chat und kann sie durch einfaches Antippen anhören. Das Symbol zeigt neben der Uhrzeit auch die Dauer der Sprachnachricht.

Sprachaufnahme abbrechen

Möchten Sie die Aufnahme abbrechen, ohne die Sprachnachricht zu versenden, ziehen Sie das Mikrofonsymbol, ohne es loszulassen, nach links, bis ein Papierkorb erscheint. Die Sprachnachricht wird verworfen.

Sprachaufnahme abbrechen.

Textnachrichten über Googles Spracheingabe aufzeichnen

Der Google Assistant ist eine Sprachsteuerung für Smartphones, die auf den meisten Geräten mit Android 8 Oreo oder Android 7 Nougat vorinstalliert ist. Mit passenden Sprachbefehlen – als komplette deutsche Sätze gesprochen – lassen sich verschiedene Alltagsaufgaben erledigen. Damit können Sie per Spracheingabe WhatsApp-Textnachrichten versenden, die der Empfänger lesen kann und nicht anzuhören braucht.

1. Tippen Sie länger auf den Kreis in der Symbolleiste am unteren Bildschirmrand einer beliebigen App. Sie brauchen WhatsApp nicht aufzurufen.

2. Der Google Assistant erscheint und zeigt bei den ersten Starts einige Tipps, die Sie nicht zu beachten brauchen.
3. Sprechen Sie ins Mikrofon »WhatsApp an« und dann den Namen der Person, der Sie schreiben möchten.
4. Sind mehrere Personen mit dem gleichen Vornamen oder mehrere Telefonnummern bei einer Person gespeichert, erscheint ein Auswahlbildschirm, auf dem Sie durch Antippen oder Spracheingabe die gewünschte Person oder Nummer auswählen können.
5. Auf dem nächsten Bildschirm sprechen Sie die Nachricht ins Mikrofon. Der Google Assistant zeigt den automatisch erkannten Text an.

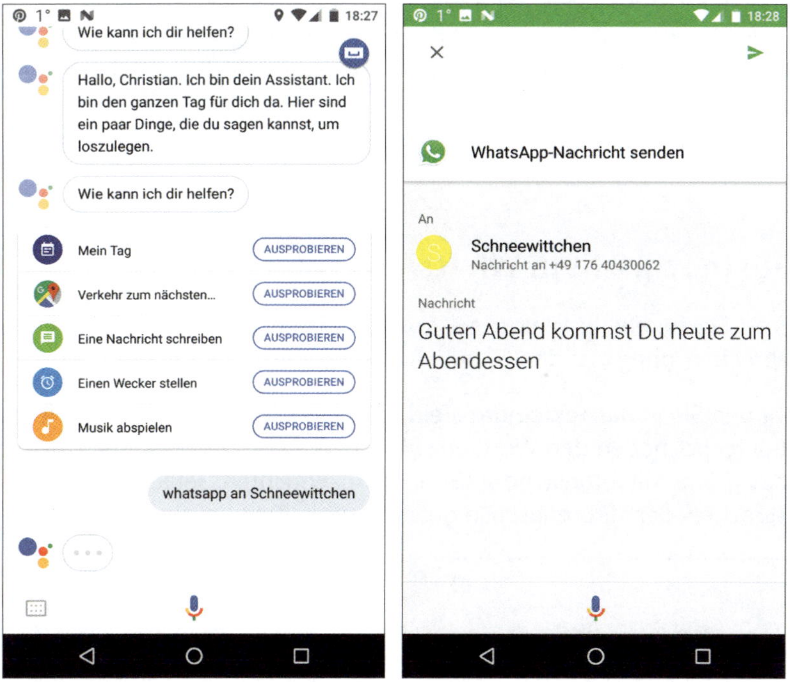

WhatsApp-Textnachricht im Google Assistant sprechen.

6. Bei einer längeren Gesprächspause fragt der Google Assistant, ob Sie die Nachricht senden oder ändern möchten. Wobei »Ändern« hier löschen und neu sprechen bedeutet.

7. Beim Senden wird die Nachricht direkt als Text gesendet, ohne WhatsApp aufzurufen. Der Empfänger erhält eine Textnachricht, keine Sprachnachricht. Um die Nachricht zu verwerfen, sagen Sie einfach »abbrechen«.
8. Da WhatsApp nicht geöffnet wird, können Sie den Google Assistant direkt danach für die nächste Aktion verwenden. Sollte nach einer längeren Pause keine Spracheingabe erkannt werden, tippen Sie auf das farbige Mikrofonsymbol in der Mitte am unteren Bildschirmrand.

Google Assistant nicht installiert

Sollte der Google Assistant auf Ihrem Smartphone nicht vorhanden sein, verwendet dieses entweder eine alte Android-Version oder der Gerätehersteller hat den Google Assistant aus irgendeinem Grund nicht vorinstalliert. Laden Sie sich in diesem Fall die App *Google Assistant* aus dem Play Store herunter.

Textnachricht in WhatsApp sprechen

Sind Sie bereits in WhatsApp, können Sie auch dort eine Textnachricht sprechen, ohne erst den Google Assistant starten zu müssen.

Tippen Sie in das Texteingabefeld und dann auf das kleine Mikrofonsymbol rechts neben den Wortvorschlägen oberhalb der Tastatur – nicht auf das grüne Mikrofonsymbol für Sprachnachrichten. Jetzt können Sie Text sprechen, der automatisch in geschriebenen Text umgesetzt wird.

Textnachrichten im WhatsApp-Eingabefeld sprechen.

+++ SO GEHT'S AUF DEM IPHONE +++

Das Mikrofonsymbol zum Aufnehmen einer Textnachricht befindet sich auf der Tastatur unten links neben der Leertaste.

Spracheingabe per Ok Google aktivieren

Ein Smartphone mit Android 8 Oreo oder Android 7 Nougat kann auch komplett über Sprache gesteuert werden, ohne es zu berühren.

Anstatt auf das Kreissymbol zu tippen, können Sie den Google Assistant auch aktivieren, indem Sie einfach »Ok Google« sagen. Diese Einstellung muss einmalig aktiviert werden.

1. Starten Sie die Google-App auf dem Startbildschirm durch Wischen nach rechts. Sollte dies durch einen veränderten Launcher nicht möglich sein, tippen Sie auf das App-Symbol.
2. Rufen Sie das Menü der Google-App mit dem Symbol mit den drei Linien auf. Je nach Version befindet sich dieses unten rechts oder oben links.
3. Wählen Sie im Menü *Einstellungen/Google Assistant Einstellungen/Smartphone* und aktivieren Sie hier den Schalter *"Ok Google"-Erkennung*.

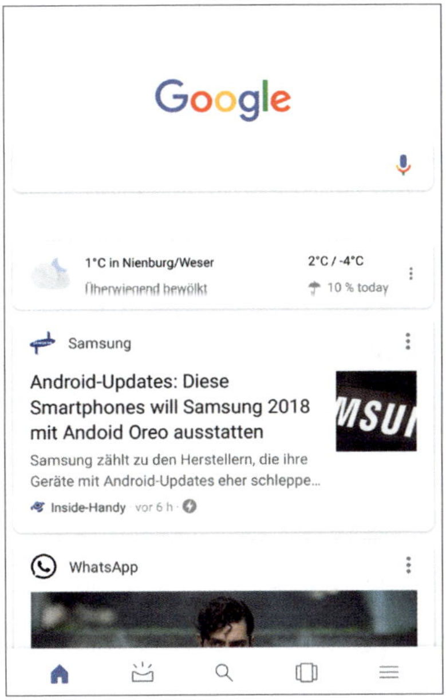

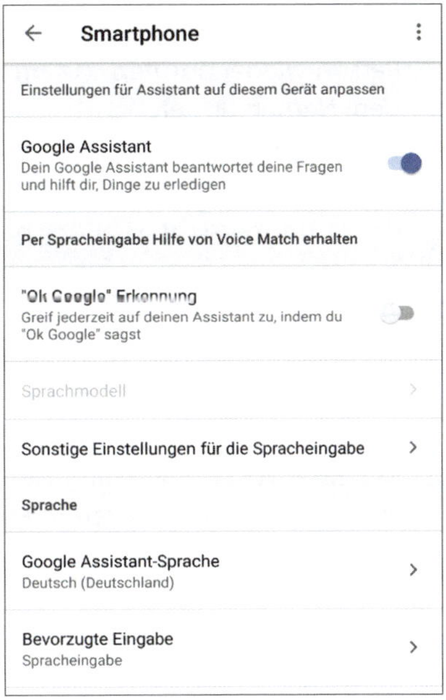

Ok Google in der Google-App aktivieren.

Telefonieren per WhatsApp

Vom Festnetz ins Ausland telefonieren ist teuer, vom Handy ist es noch teurer. Mit WhatsApp können Sie kostenlos mit anderen WhatsApp-Nutzern auf der ganzen Welt telefonieren. Anrufe ins Festnetz sind allerdings nicht möglich.

WhatsApp verwendet nicht das Mobilfunk-Telefonnetz, sondern eine Internetverbindung. Das funktioniert am besten per WLAN, aber auch über UMTS oder LTE. Hier braucht man bei intensiver Nutzung allerdings eine umfangreiche Datenflatrate, da bei WhatsApp-Gesprächen pro Minute ein Datenvolumen von etwa 1 MByte anfällt. Dies gilt für beide Gesprächspartner.

1. Haben Sie mit der Person bereits gechattet, rufen Sie sie mit dem Telefonsymbol oben in der Chatansicht an.

Anruf aus der Chatansicht.

2. Die Übersicht *Anrufe* zeigt die letzten Anrufe. Hier können Sie eine Person wieder anrufen, indem Sie auf das Telefonsymbol rechts neben dem Namen tippen.
3. Um eine Person anzurufen, mit der Sie bisher weder gechattet noch telefoniert haben, tippen Sie auf den grünen Button unten rechts in der Anrufübersicht. Hier erscheint eine Liste aller WhatsApp-Kontakte. Tippen Sie auf das Telefonsymbol neben einem Namen, um die Person anzurufen.
4. Bei der angerufenen Person klingelt das Smartphone mit einem speziellen Klingelton. Auch der Anrufbildschirm zeigt deutlich, dass es sich um einen WhatsApp-Anruf handelt.
5. Mit einer Wischbewegung nach oben nehmen Sie den Anruf an oder lehnen ihn mit dem roten Telefonsymbol ab.

Während des Gesprächs stehen unten drei Symbole zur Verfügung:

- Lautsprecher einschalten
- Zum Chat wechseln
- Mikrofon ausschalten

+++ SO GEHT'S AUF DEM IPHONE +++

Mit dem Telefonsymbol oben in der Chatansicht rufen Sie die Person an. Um vom Anrufbildschirm in den Chat zu wechseln, tippen Sie auf den Pfeil links oben. Tippen Sie im Chat auf den grünen Balken oben, um zum Anrufbildschirm zurückzukehren.

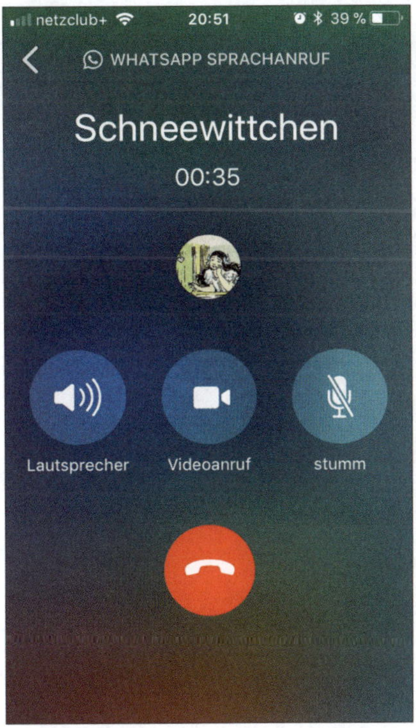

Verpasste Anrufe

Verpasste WhatsApp-Anrufe werden ähnlich wie Telefonanrufe auf dem Sperrbildschirm und in der Benachrichtigungsleiste angezeigt. Aus der Benachrichtigung heraus können Sie zurückrufen oder der Person eine Textnachricht schreiben.

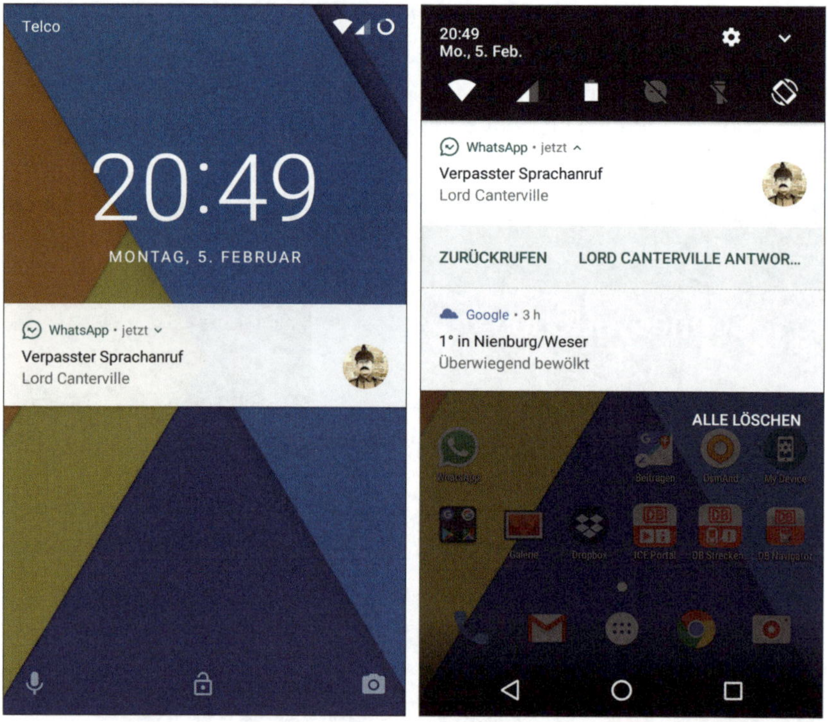

Verpasste WhatsApp-Anrufe.

+++ SO GEHT'S AUF DEM IPHONE +++

Benachrichtigungen über verpasste Anrufe erscheinen auf dem Sperrbildschirm sowie in der Chat- und Anrufübersicht. Eine Benachrichtigungs-LED gibt es nicht. Anrufer direkt aus der Benachrichtigung zurückzurufen, ist nicht möglich. Beim Antippen öffnet sich WhatsApp.

Anruf mit Textnachricht beantworten

Das Smartphone klingelt oft in unpassenden Momenten. Wenn man gerade in einer Konferenz ist oder beim Essen sitzt, möchte man nicht gestört werden, den Anrufer aber auch nicht einfach »wegdrücken«. WhatsApp bietet hier ähnlich wie die Telefon-App auf dem Smartphone Kurzantworten an, die mit wenigen Fingerstrichen als Textnachricht an einen Anrufer geschickt werden können.

1. Ziehen Sie bei einem eingehenden Anruf das Nachrichtensymbol rechts nach oben. Es erscheint eine Liste mit vordefinierten Standardantworten.
2. Wählen Sie die gewünschte Antwort aus und sie wird direkt gesendet.
3. Über *Eigene Antwort schreiben* öffnen Sie WhatsApp, um eine eigene Textnachricht zu schreiben.

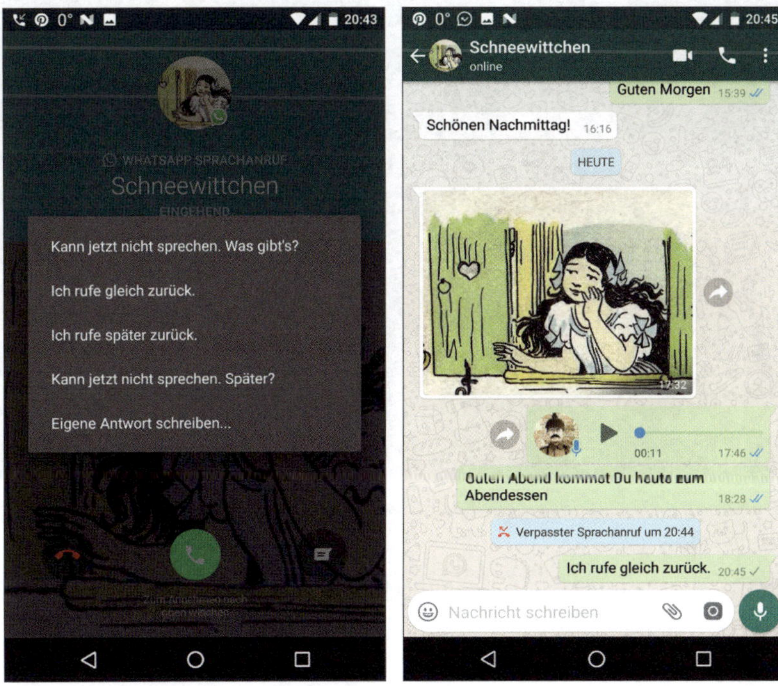

Kurzantworten und verpasste Anrufe erscheinen in der Chatansicht.

+++ SO GEHT'S AUF DEM IPHONE +++

Diese Funktion steht auf dem iPhone nicht zur Verfügung.

Videoanrufe

Videoanrufe funktionieren in WhatsApp fast genauso wie Telefonanrufe. Tippen Sie auf das Videokamerasymbol statt auf das Telefonsymbol, um eine Person anzurufen. Videoanrufe benötigen eine deutlich größere Bandbreite der Internetverbindung und verbrauchen etwa 5 MByte Datenvolumen pro Minute.

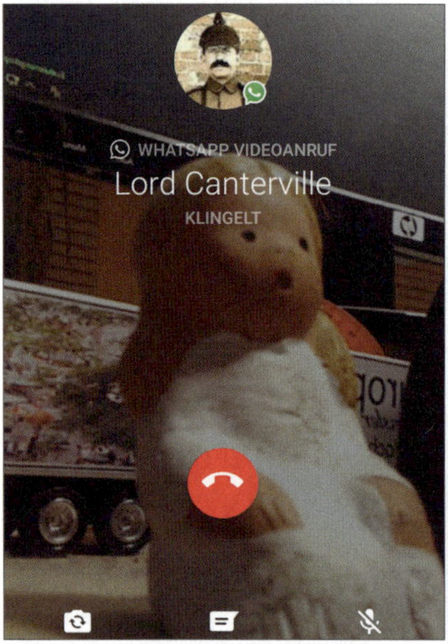

Beim Anruf erscheint das eigene Bild als Vollbild, während des Gesprächs das Bild des Gesprächspartners.

- Tippen Sie mitten auf den Bildschirm, um die Symbole einzublenden.
- Das Kamerasymbol links schaltet zwischen Frontkamera und Hauptkamera um.
- Das Nachrichtensymbol in der Mitte wechselt zur Chatansicht.
- Das Mikrofonsymbol rechts schaltet das Mikrofon stumm.
- Tippen Sie auf das kleine Bild, um Ihr eigenes Kamerabild als Vollbild anzuzeigen, das des Gesprächspartners klein.
- Das rote Telefonsymbol trennt die Verbindung.

6. WhatsApp-Kontakte

In der Kontaktliste von WhatsApp erscheinen automatisch alle Kontakte aus dem Adressbuch des Smartphones bzw. des angemeldeten Google-Kontos, die WhatsApp benutzen.

Informationen zu Kontakten

In den Chat- und Anrufübersichten erscheinen nur Profilbilder und Namen der Kontakte. Tippen Sie in einem Chat oben auf den Balken mit dem Namen einer Person, erscheint eine Seite mit Kontaktdetails und dem Profilbild in voller Größe.

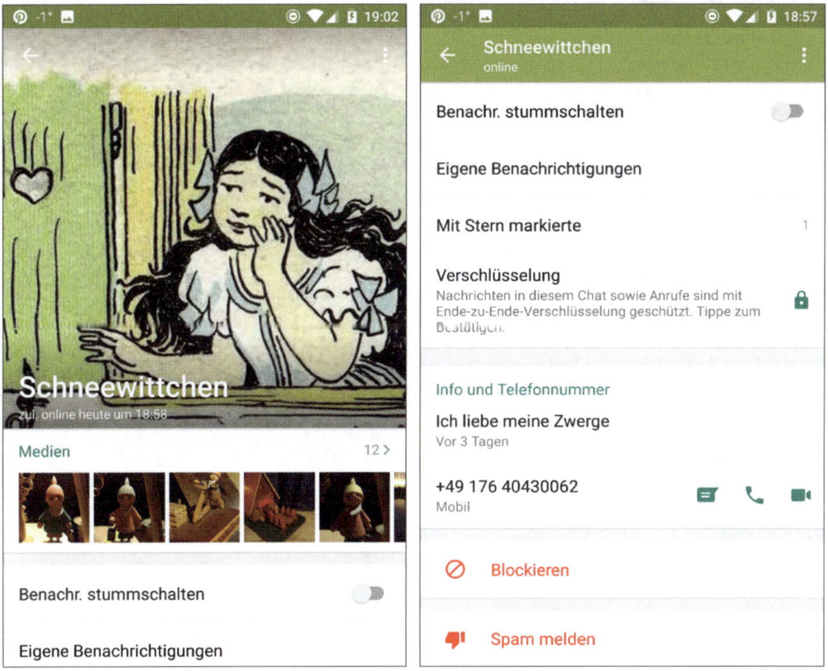

Kontaktdetails einer Person.

Wischen Sie auf dieser Seite ganz nach unten, sehen Sie den Textstatus, den die Person eingegeben hat, sowie die Handynummer, auf die WhatsApp registriert ist.

+++ SO GEHT'S AUF DEM IPHONE +++

Die Kontaktseite einer Person zeigt einige Optionen, die unter Android im Menü liegen. Die Vorschaubilder der letzten Medien fehlen auf dem iPhone. Die Medienübersicht finden Sie bei *Medien, Links und Doks*.

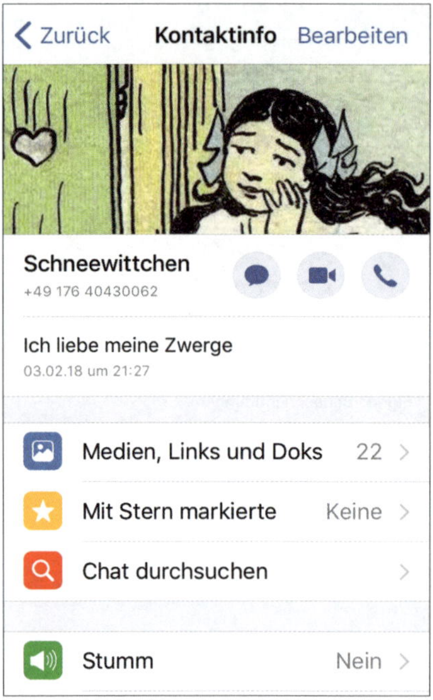

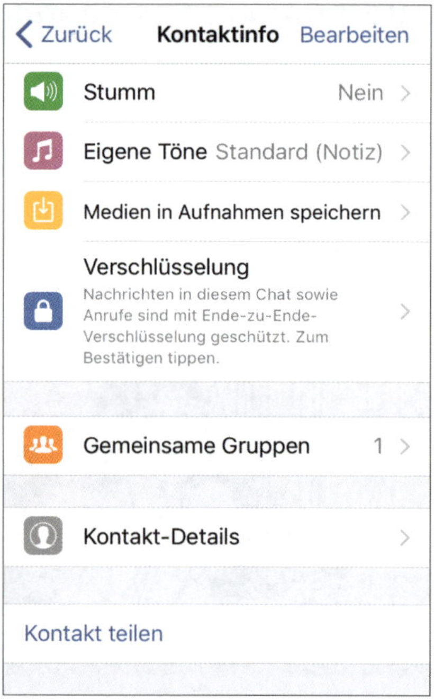

Medienübersicht

Die Medienübersicht auf der Seite mit den Kontaktdetails zeigt alle Medien, Fotos und Videos, die Sie mit dieser Person ausgetauscht haben, unabhängig davon, ob Sie sie gesendet oder empfangen haben.

Tippen Sie auf die Zahl rechts oberhalb der Vorschaubilder, erscheint die Medienübersicht auf dem ganzen Bildschirm. Tippen Sie auf ein Bild, wird dieses als Vollbild angezeigt. Mit dem Pfeil rechts oben können Sie das Bild direkt an andere Personen weiterleiten.

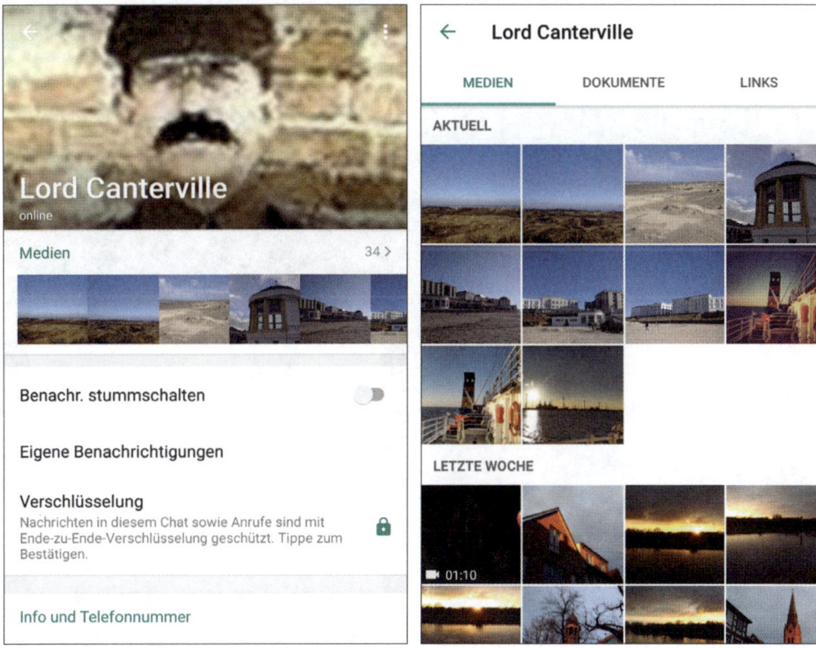

Bilder in der Medienübersicht.

Lästige Personen stummschalten

Manche Menschen schicken im Minutentakt WhatsApp-Nachrichten. Meist handelt es sich dabei um mehr oder weniger geistreiche Bilder, die einfach nur weitergeleitet werden.

Haben Sie so eine Person in Ihren WhatsApp-Kontakten und möchten an der Konversation zwar teilhaben, aber nicht über jede neue Nachricht lautstark benachrichtigt werden, schalten Sie diese Person zumindest eine Zeit lang auf stumm.

Wenn Sie den Schalter *Benachr. stummschalten* in den Kontaktdetails dieser Person einschalten, legen Sie als Nächstes fest, wie lange diese Stummschaltung gelten soll. Außerdem können Sie wählen, ob die Benachrichtigungen in der Benachrichtigungszeile weiterhin angezeigt oder auch unterdrückt werden sollen. In der Chatübersicht sehen Sie weiterhin neu eingegangene Nachrichten dieser Person. Zusätzlich wird ein durchgestrichener Lautsprecher bei der Person angezeigt.

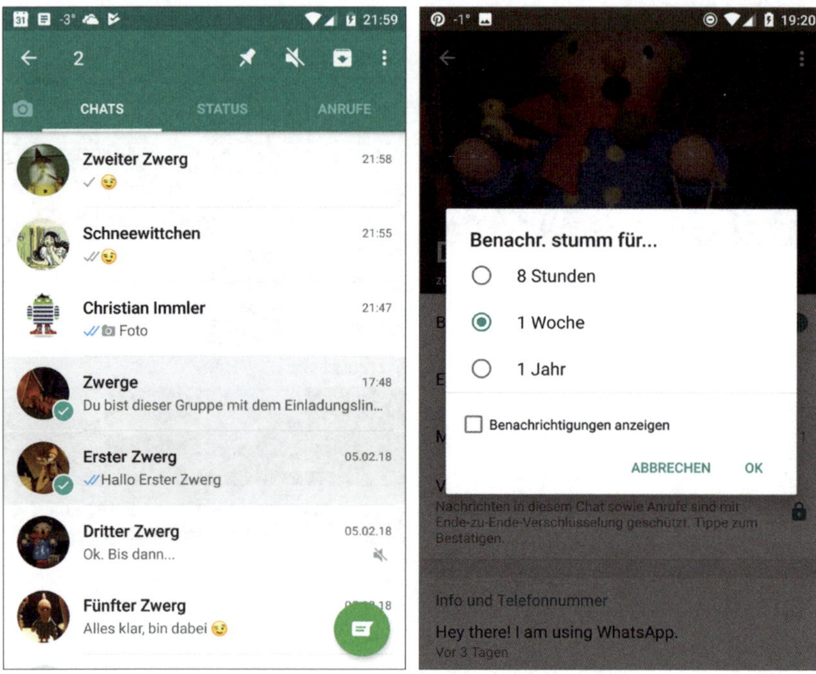

Benachrichtigungen einer oder mehrerer Personen stummschalten.

Sie können auch mehrere Personen auf einmal stummschalten. Tippen Sie dazu in der Chatübersicht länger auf eine Person, bis die Symbolleiste am oberen Bildschirmrand erscheint. Markieren Sie jetzt weitere Personen durch Antippen und tippen dann auf das Symbol mit dem durchgestrichenen Lautsprecher. Alle markierten Personen werden stummgeschaltet. Auch hier können Sie festlegen, wie lange diese Stummschaltung gelten soll.

Kontakte blockieren

Niemand muss sich von einer anderen Person beschimpfen, beleidigen oder bedrohen lassen. Sollte dies doch vorkommen, hat WhatsApp vorgesorgt.

- Ganz unten auf der Seite mit den Kontaktdetails einer Person finden Sie ein Symbol *Blockieren*. Damit blockieren Sie diese Person, sie kann Ihnen keine Nachrichten mehr schicken und Sie auch nicht anrufen.

Personen blockieren oder als Spam melden.

- Wenn Sie die Person nur aus den Kontakten auf dem Smartphone löschen, kann sie Sie weiter kontaktieren. Sie wird dann nur nicht mehr mit Namen, sondern nur noch mit der Telefonnummer angezeigt.
- In den WhatsApp-Einstellungen unter *Account/Datenschutz* finden Sie eine Liste der blockierten Kontakte. Hier können Sie einzelne Personen später wieder freigeben.
- In besonders schlimmen Fällen können Sie eine Person unten in den Kontaktdetails als *Spam melden*. WhatsApp wird der Sache nachgehen, was dazu führen kann, dass diese Person von WhatsApp ausgeschlossen wird.

Kontakte versenden

Wenn Sie nach der Telefonnummer oder Adresse eines Freundes gefragt werden, können Sie diese natürlich als Textnachricht in WhatsApp eintippen. Wesentlich komfortabler ist es aber, direkt die Kontaktdaten zu versenden, damit der Empfänger diese in sein Adressbuch übernehmen kann.

1. Tippen Sie im Chat unten auf die Büroklammer und wählen Sie *Kontakt*, um Kontakte zu versenden.

2. Wählen Sie jetzt in der Liste die Kontakte aus, die Sie versenden möchten, und tippen Sie danach auf den grünen Pfeil rechts unten.

3. Jetzt haben Sie bei jedem Kontakt die Möglichkeit auszuwählen, welche Informationen Sie weitergeben möchten und welche nicht. Je nachdem, was Sie gespeichert haben, können außer der Telefonnummer noch die E-Mail-Adresse, Anschrift sowie das Geburtsdatum in den Kontaktdetails stehen.
4. Senden Sie anschließend die Kontakte ab. Der Empfänger bekommt eine spezielle Nachricht, die er durch Antippen öffnen kann.
5. Hier sind alle übertragenen Kontaktdetails zu sehen. Mit den *Hinzufügen*-Buttons können die Personen ins Adressbuch übernommen werden. Dabei können Sie auch hier noch wählen, welche der übertragenen Kontaktdetails Sie speichern wollen.

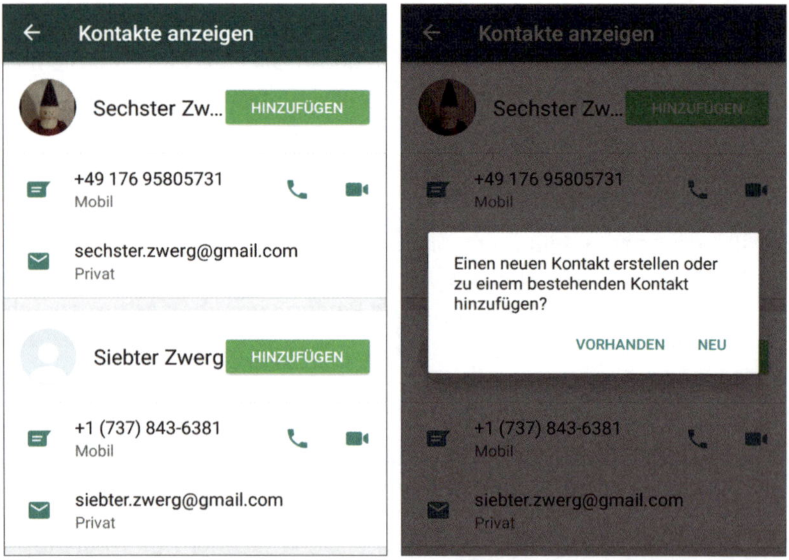

Empfangene Kontaktdaten ins Adressbuch übernehmen.

6. Beim Hinzufügen entscheiden Sie für jeden Kontakt einzeln, ob Sie einen neuen Kontakt im Adressbuch anlegen möchten oder die übertragenen Daten einem vorhandenen Kontakt hinzufügen, weil Sie zum

Beispiel bei einer Person bisher nur die Festnetznummer gespeichert haben und jetzt auch eine Mobilnummer bekommen haben.

+++ SO GEHT'S AUF DEM IPHONE +++

Über das Plussymbol unten links in einem Chat können Sie auch Kontakte versenden. Möchten Sie auswählen, welche Informationen der Kontakte gesendet werden sollen, senden Sie die Kontakte einzeln. Bei mehreren Kontakten auf einmal gibt es keine Möglichkeit, einzelne Kontaktinformationen auszuschalten.

Freund in Adressbuch übernehmen

Personen, die nicht im Adressbuch stehen, können Sie über WhatsApp kontaktieren, wenn sie Ihre Handynummer kennen. Diese Personen werden dann in Chats auch nur mit der Mobilnummer angezeigt. Übernehmen Sie sie ins Adressbuch, um sie zukünftig mit Namen angezeigt zu bekommen.

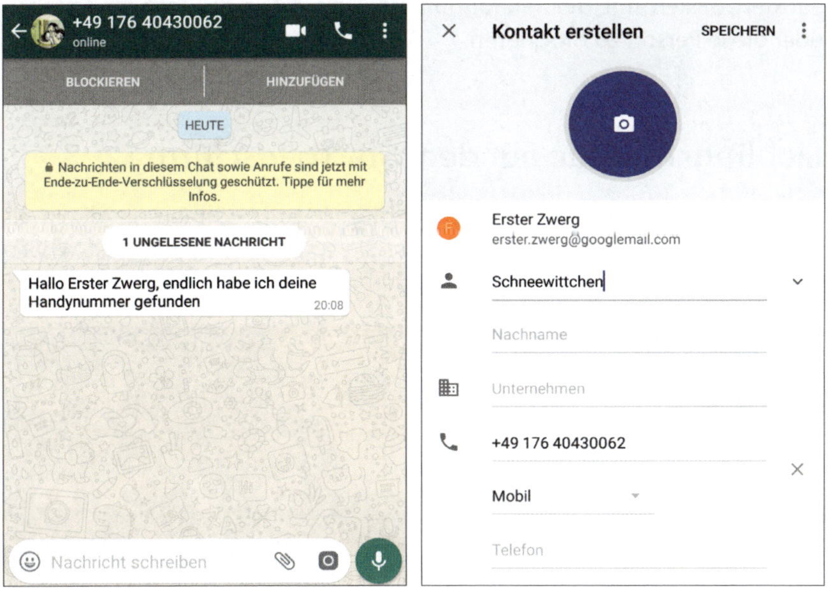

Neuen Kontakt aus WhatsApp im Adressbuch speichern.

1. Im Chat mit einer unbekannten Person erscheinen oben zwei Buttons, um diese Person zu blockieren, falls es nur Spam ist, oder zum Adressbuch hinzuzufügen. Tippen Sie auf *Hinzufügen*.
2. Jetzt erscheint eine Frage, ob Sie einen neuen Kontakt im Adressbuch anlegen möchten oder die übertragenen Daten einem vorhandenen Kontakt zuordnen.
3. Nachdem Sie dies ausgewählt haben, erscheint ein Kontaktformular der Kontakte-App, in dem die Handynummer bereits eingetragen ist. Bei einem neuen Kontakt müssen Sie zumindest noch einen Namen und bei Bedarf auch weitere Daten hinzufügen und diesen Kontakt anschließend speichern.
4. Danach erscheint die Person im Chat mit dem Namen und nicht mehr nur mit der Handynummer.

+++ SO GEHT'S AUF DEM IPHONE +++

Die beiden Buttons, um eine bisher unbekannte Person zu blockieren oder ins Adressbuch zu übernehmen, fehlen auf dem iPhone. Tippen Sie oben auf den Balken mit der Telefonnummer, um einen Kontakt zu erstellen oder diese Person zu blockieren.

Lieblingsfreunde auf dem Startbildschirm

Freunde, mit denen Sie besonders häufig chatten, können Sie direkt als Symbol auf den Startbildschirm legen. Sie sparen sich dann, erst WhatsApp aufzurufen und die Person zu suchen.

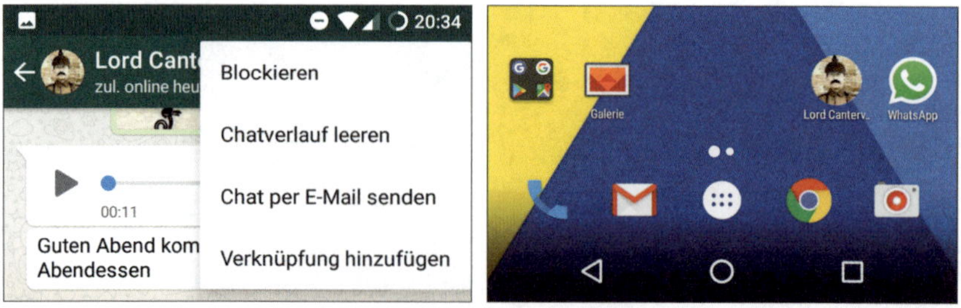

WhatsApp-Kontakt auf dem Startbildschirm verknüpfen.

Tippen Sie im Chat mit dieser Person oben rechts auf das Menü mit den drei Punkten. Wählen Sie *Mehr/Verknüpfung hinzufügen*. Auf dem Startbildschirm erscheinen nun Profilbild und Name dieser Person. Tippen Sie darauf, kommen Sie direkt in den Chat.

+++ SO GEHT'S AUF DEM IPHONE +++

Diese Funktion ist auf dem iPhone nicht verfügbar.

App-Shortcuts in Android 8 Oreo

Android 8 Oreo bietet sogenannte App-Shortcuts, wenn Sie ein App-Symbol auf dem Startbildschirm länger antippen. WhatsApp zeigt als App-Shortcuts häufig kontaktierte Personen an. Tippen Sie den Namen an, öffnet sich der entsprechende Chat in WhatsApp.

Ziehen Sie einen solchen App-Shortcut auf den Startbildschirm, können Sie die Person immer schnell erreichen. Die Wirkung ist die gleiche wie bei einer Verknüpfung aus WhatsApp.

Freunde zu WhatsApp einladen

Es soll immer noch Leute geben, die WhatsApp nicht kennen. WhatsApp liefert einen Standardtext, mit dem Sie Ihre Freunde per E-Mail, SMS oder über soziale Netzwerke zu WhatsApp einladen können. Dieser enthält einen allgemein gehaltenen Downloadlink, der für alle Plattformen funktioniert.

1. Tippen Sie in der Hauptansicht von WhatsApp auf das Symbol für eine neue Nachricht.

2. Wenn Sie die Person, der Sie schreiben möchten, in der Kontaktliste nicht finden, nutzt sie bis jetzt kein WhatsApp. Tippen Sie auf das Menü mit den drei Punkten und wählen Sie *Freunde einladen*.
3. Wählen Sie die App, über die Sie jemanden einladen möchten.
4. Der Einladungstext ist bereits eingefügt. Sie brauchen nur noch den Empfänger einzutragen.

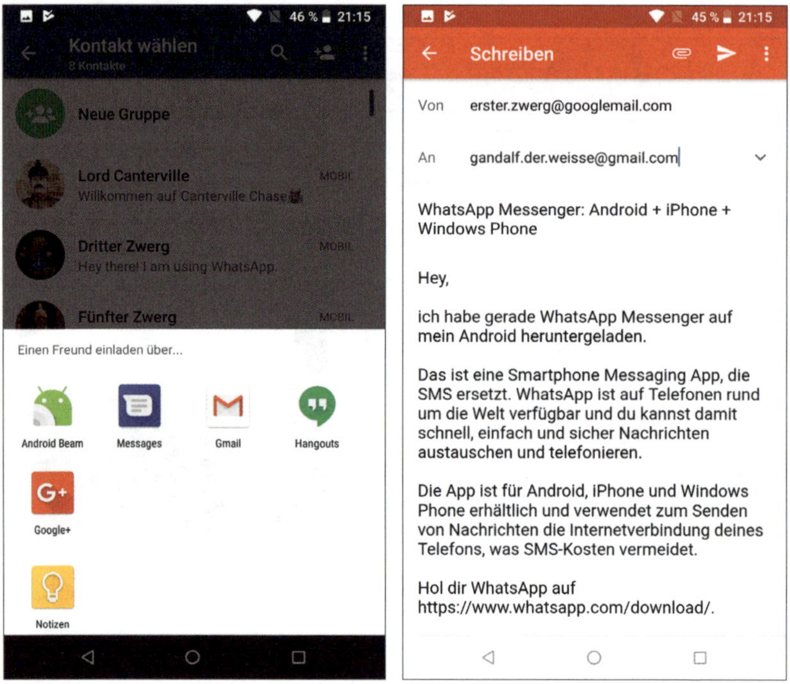

Freund per E-Mail zu WhatsApp einladen.

+++ SO GEHT'S AUF DEM IPHONE +++

Ganz unten in der Kontaktliste finden Sie eine Zeile zum Einladen von Freunden per E-Mail oder SMS.

7. Eigenes Profil

Das WhatsApp-Profil, das Ihre Kontakte zu sehen bekommen, können Sie jederzeit ändern. Manche Nutzer machen das täglich, manche nie. Tippen Sie in der Hauptansicht von WhatsApp auf das Menü mit den drei Punkten, wählen Sie *Einstellungen* und tippen Sie dann auf Ihr Profilbild.

Profilbild ändern

Für die meisten Nutzer ist das Profilbild das wichtigste Element des eigenen Profils. Ändern Sie dieses nach Lust und Laune, nach Tagesstimmung oder Jahreszeit.

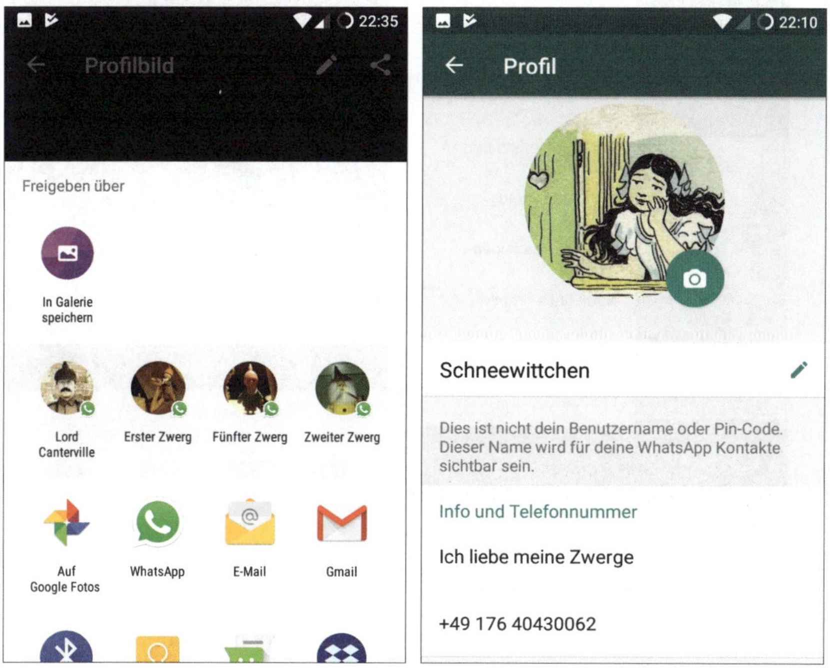

Profilbild in Galerie speichern und neues Profilbild wählen.

1. Beim Ändern des Profilbildes geht das alte verloren. Tippen Sie in der Profilansicht auf das Profilbild, wird es in voller Größe angezeigt. Tippen Sie jetzt oben rechts auf das *Teilen*-Symbol und wählen Sie *In Galerie speichern*.
2. Nachdem das alte Profilbild gesichert ist, können Sie es gefahrlos ändern. Tippen Sie dazu in der Profilansicht auf das Kamerasymbol. Jetzt können Sie ein Bild aus der Galerie auswählen, mit der Kamera ein neues Foto aufnehmen oder das vorhandene Profilbild einfach nur löschen.
3. Haben Sie ein Bild per WhatsApp erhalten und möchten Sie dieses als Profilbild verwenden, brauchen Sie es nicht erst in der Galerie zu speichern. Tippen Sie in der Fotoansicht oben rechts auf das Menü und wählen Sie *Als mein Profilbild setzen*.

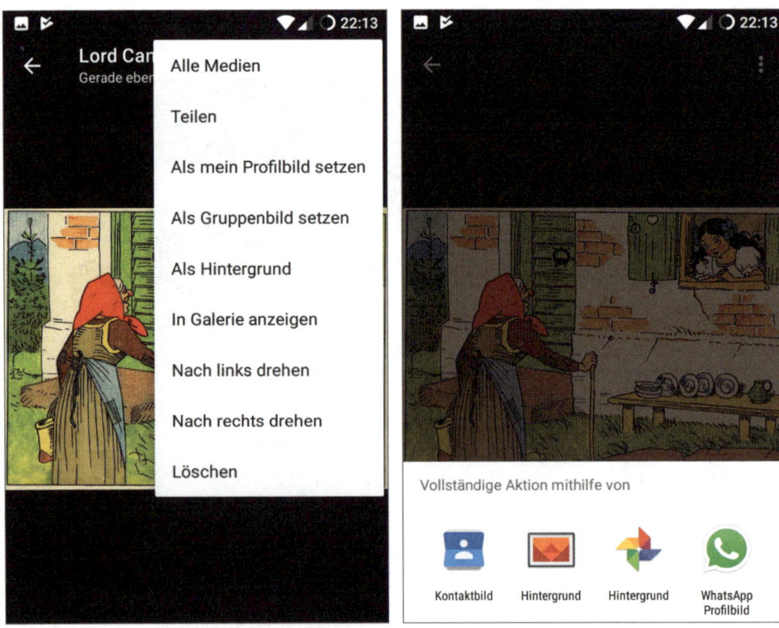

Neues Profilbild aus einem WhatsApp-Bild oder Google Fotos wählen.

4. Fotos, die Sie in der App *Google Fotos* online gespeichert oder von Freunden bekommen haben, können ebenfalls als Profilbild verwendet werden, auch wenn sie nicht lokal auf

dem Smartphone liegen und daher in der Galerie nicht auftauchen. Tippen Sie in der Fotoansicht in *Google Fotos* oben rechts auf das Menü und wählen Sie *Verwenden als*. Tippen Sie dann auf das Symbol *WhatsApp Profilbild*.

5. Egal, auf welchem Weg Sie das Bild ausgewählt haben, markieren Sie jetzt einen quadratischen Ausschnitt im Foto, der als Profilbild verwendet werden soll. Ziehen Sie dazu das angezeigte Rasterquadrat an den Ecken oder verschieben Sie es im Ganzen auf dem Bild. Das Symbol unten in der Mitte dreht das Bild in 90°-Schritten.

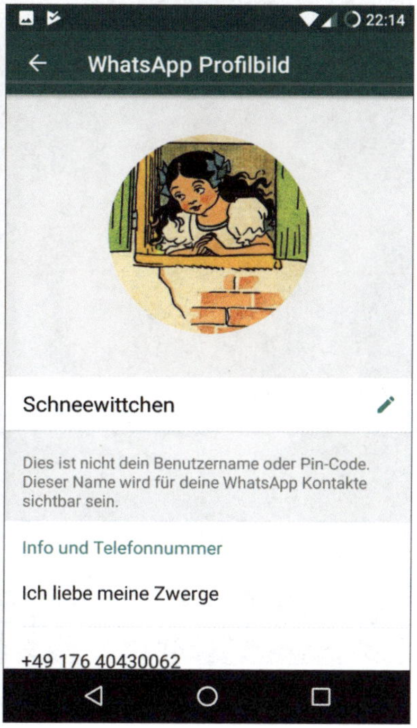

Bild zuschneiden und als neues Profilbild festlegen.

6. Tippen Sie auf *Fertig*, um Ihr neues Profilbild im Profil zu speichern. Ihre WhatsApp-Kontakte bekommen es ab sofort zu sehen.

+++ SO GEHT'S AUF DEM IPHONE +++

Beim Zuschneiden des Profilbildes wird ein runder statt quadratischer Ausschnitt angezeigt. Da das eigene Profilbild bei den Chatpartnern aber quadratisch angezeigt wird, achten Sie trotzdem darauf, was in den abgeschnittenen Randbereichen des Fotos zu sehen ist. Die direkte Übernahme von Bildern aus der Fotos-App ist nicht möglich. Wählen Sie das Profilbild immer in WhatsApp aus.

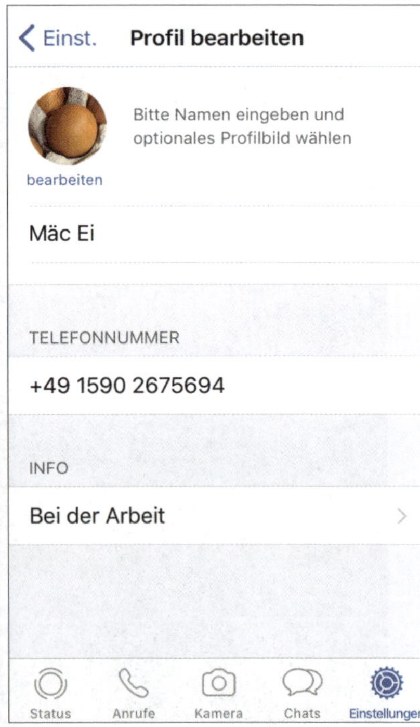

Persönliche Info

Die persönliche Info ist eine Textzeile, die in der Kontaktliste bei Ihren Freunden auftaucht. Standardmäßig steht hier *Hey there! I am using WhatsApp*. Sie können aber auch einen persönlichen Text schreiben. Tippen Sie in der Profilansicht unter *Info und Telefonnummer* auf den Infotext. Hier können Sie einen vorgefertigten Text auswählen oder selbst etwas schreiben.

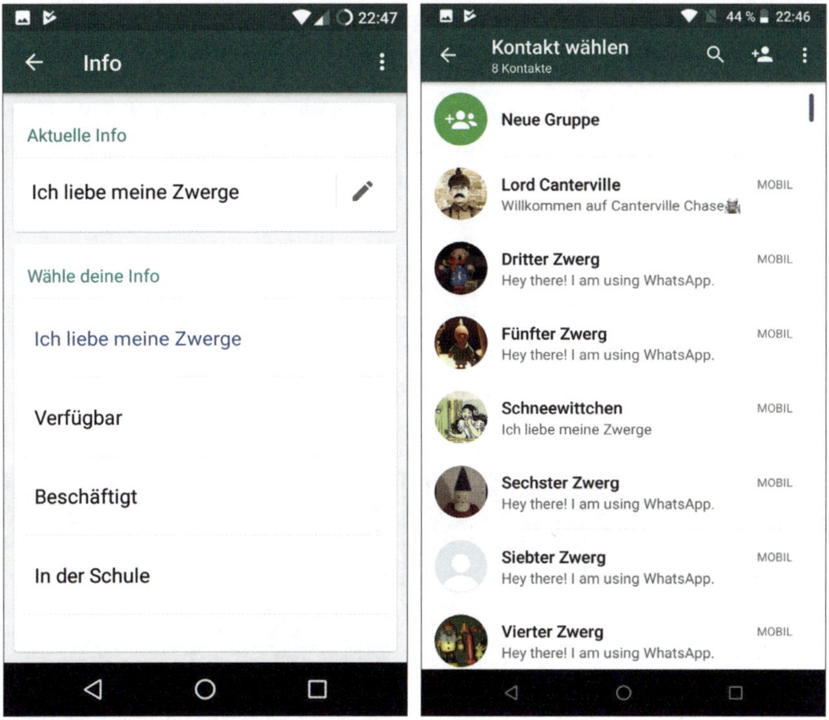

Links: eigene Info schreiben, rechts: Infos in der Kontaktliste.

Eigenen Namen ändern

Sie können im Profil auch jederzeit den eigenen Namen ändern. Tippen Sie dazu auf das Stiftsymbol neben dem Namen. Der hier angezeigte Name wird nur den eigenen Kontakten angezeigt, die Ihre Kontaktdaten noch nicht im Adressbuch gespeichert haben. Hat eine Person Sie bereits im Adressbuch unter einem bestimmten Namen stehen, ändert sich dieser nicht, wenn Sie in Ihrem eigenen Profil den Namen ändern.

Flüchtiger Status mit Bild oder Video

Möchten Sie Ihre Freunde auf dem Laufenden halten, was Sie gerade tun, senden Sie ein Foto als Status. Dieses ist für Ihre Freunde 24 Stunden lang sichtbar und verschwindet danach automatisch.

1. Tippen Sie auf dem Hauptbildschirm von WhatsApp oben auf die Seite *Status*. Hier sehen Sie alle Statusmeldungen Ihrer Freunde. Bei neuen Statusmeldungen ertönt standardmäßig keine Benachrichtigung. Neben dem Wort *Status* erscheint ein Punkt, der auf neue Statusmeldungen hinweist.
2. Tippen Sie unten rechts auf das grüne Kamerasymbol, um ein Foto aufzunehmen oder aus der Galerie auszuwählen, das als Status verwendet werden soll.

3. Auch hier haben Sie die Möglichkeit, das Bild durch Filter, Emojis oder Texte zu gestalten.

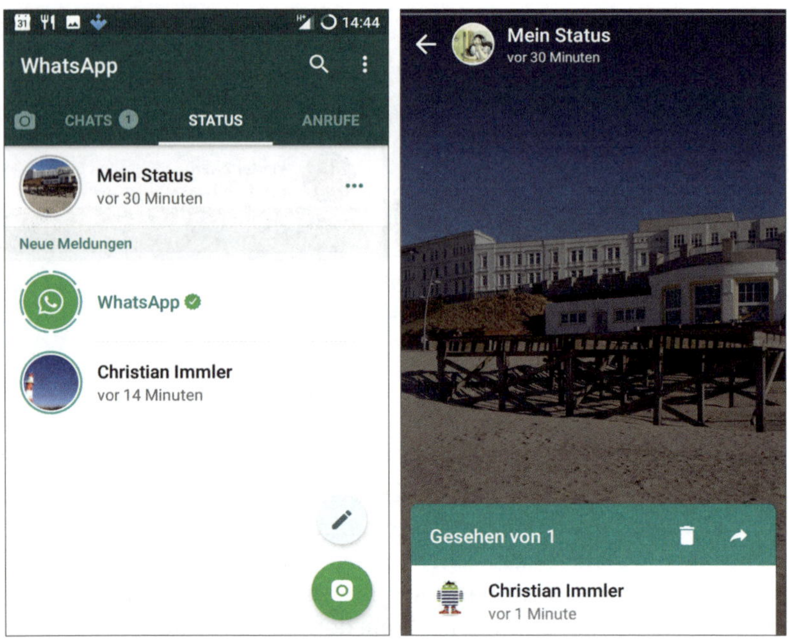

Eigene WhatsApp-Statusmeldung und die von Freunden.

4. Der grüne Pfeil sendet den Status an alle Freunde, die im Adressbuch stehen. Personen, die Sie nur über ihre Handynummer kontaktieren, erhalten den Status nicht.
5. Tippen Sie auf der Seite *Status* auf Ihren eigenen Status, können Sie diesen innerhalb der Zeit von 24 Stunden jederzeit sehen. Tippen Sie im Status unten auf das Auge, erfahren Sie, wer Ihren Status bereits gesehen hat.
6. Tippen Sie in dieser Anzeige auf das Papierkorbsymbol, wird der eigene Status gelöscht und bei Ihren Freunden nicht mehr angezeigt.
7. Wischen Sie in der Statusanzeige eines Freundes vom unteren Bildschirmrand nach oben, können Sie direkt auf den Status mit einer Textnachricht antworten. Der Status wird als Zitat in die Nachricht eingefügt.

Wer darf den Status sehen?

Tippen Sie auf der Seite *Status* oben rechts auf das Menü und wählen Sie *Status-Datenschutz*. Hier können Sie festlegen, ob alle Kontakte, alle Kontakte außer bestimmten Personen oder nur bestimmte Personen Ihre Statusmeldungen sehen sollen.

+++ SO GEHT'S AUF DEM IPHONE +++

Die Seite *Status* hat kein Menü. Die Auswahl, wer den eigenen Status sehen darf, finden Sie in den WhatsApp-Einstellungen unter *Account/Datenschutz/Status*.

8. Gruppen

Mit WhatsApp-Gruppen kann eine Familie, ein Freundeskreis, eine Schulklasse oder ein Verein sich gegenseitig auf dem Laufenden halten. Jeder kann in die Gruppe schreiben, alle Gruppenmitglieder sehen es sofort und können sich an der Diskussion beteiligen.

Gruppen anlegen

1. Um eine neue Gruppe anzulegen, tippen Sie auf das grüne Symbol zum Schreiben einer neuen Nachricht in der Chatübersicht.

2. Tippen Sie auf dem nächsten Bildschirm oben auf *Neue Gruppe*.

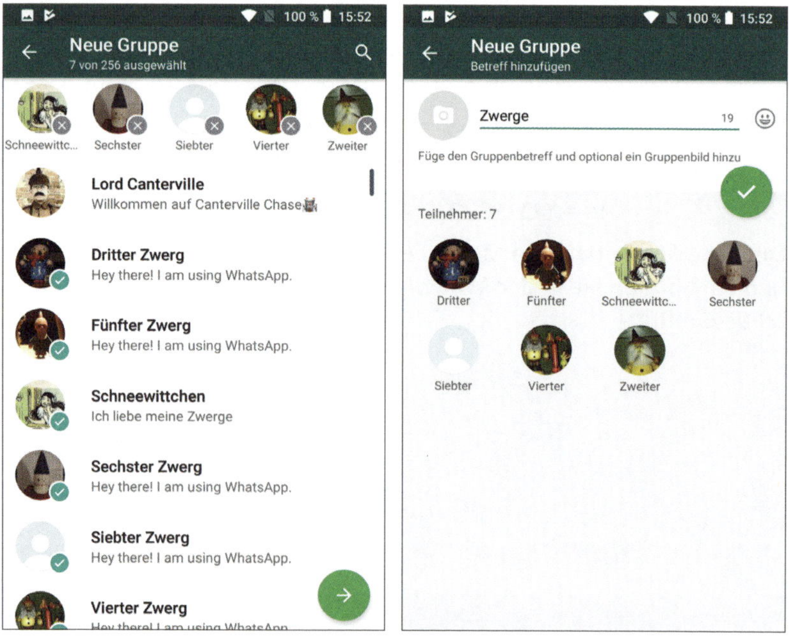

Gruppenmitglieder auswählen, Gruppenbetreff und Gruppenbild festlegen.

3. Wählen Sie jetzt alle Kontakte aus, die in die Gruppe aufgenommen werden sollen. Tippen Sie anschließend auf den grünen Pfeil unten rechts.
4. Geben Sie der Gruppe im nächsten Schritt einen Namen. Unter diesem Namen taucht die Gruppe bei allen Gruppenmitgliedern in der Chatübersicht auf. Wählen Sie also einen Namen, unter dem sich alle etwas vorstellen können. Dieser Bildschirm zeigt noch einmal alle Gruppenmitglieder an.
5. Tippen Sie auf das Kamerasymbol, um ein Profilbild für die Gruppe auszuwählen.
6. Tippen Sie auf das grüne Häkchen, um die Gruppe anzulegen. Alle Gruppenmitglieder bekommen eine Nachricht, dass sie in die Gruppe aufgenommen wurden, und finden die Gruppe in der Chatübersicht.

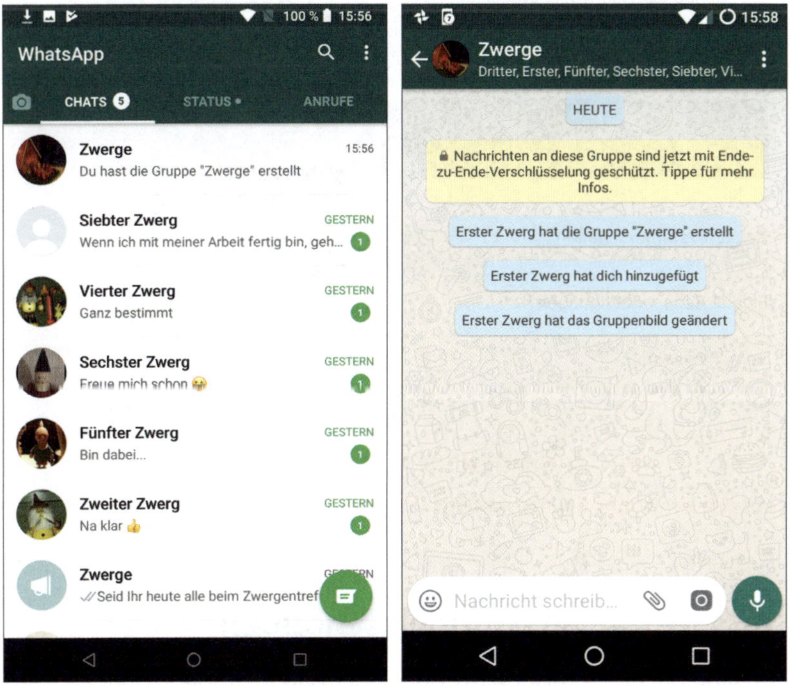

Links: die neu angelegte Gruppe, rechts: Benachrichtigung bei einem Gruppenmitglied.

Tippen Sie im Chat oben auf den Gruppennamen, wird der Gruppeninfo-Bildschirm angezeigt. Hier können Sie zusätzlich zum Namen der Gruppe noch eine ausführliche Beschreibung eintragen. Weiter unten sind alle Gruppenmitglieder zu sehen.

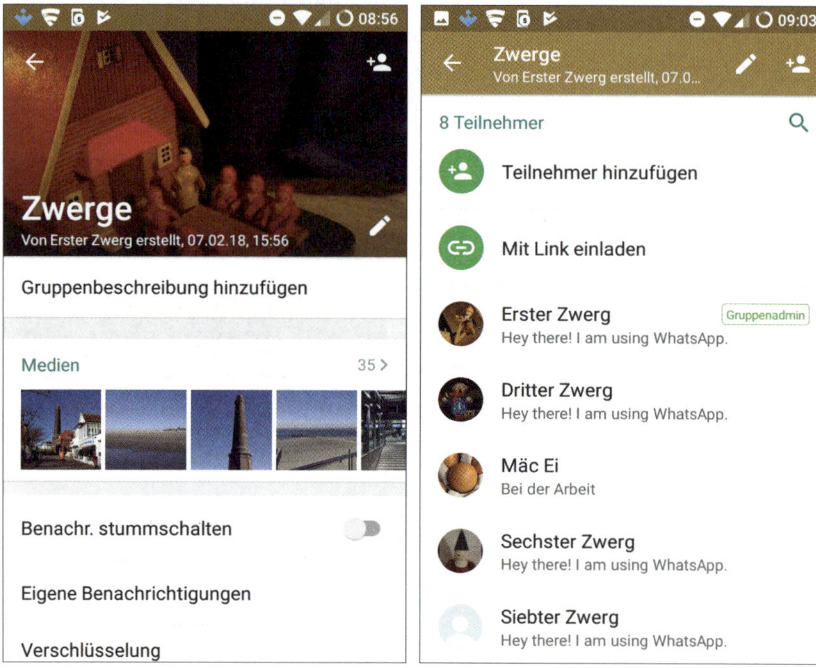

Gruppeninfo-Bildschirm mit Gruppenbeschreibung und Mitgliederliste.

+++ SO GEHT'S AUF DEM IPHONE +++

Ganz oben in der Chatübersicht können Sie eine neue Gruppe anlegen.

Nachrichten an Gruppen schreiben

Um eine Nachricht an eine Gruppe zu schreiben, tippen Sie einfach auf die Gruppe – wie auf eine Person – und schreiben die Nachricht. Nach dem Absenden erscheint sie bei allen Gruppenmitgliedern im Gruppenchat.

In Gruppenchats wird bei jeder empfangenen Nachricht der Absender angezeigt.

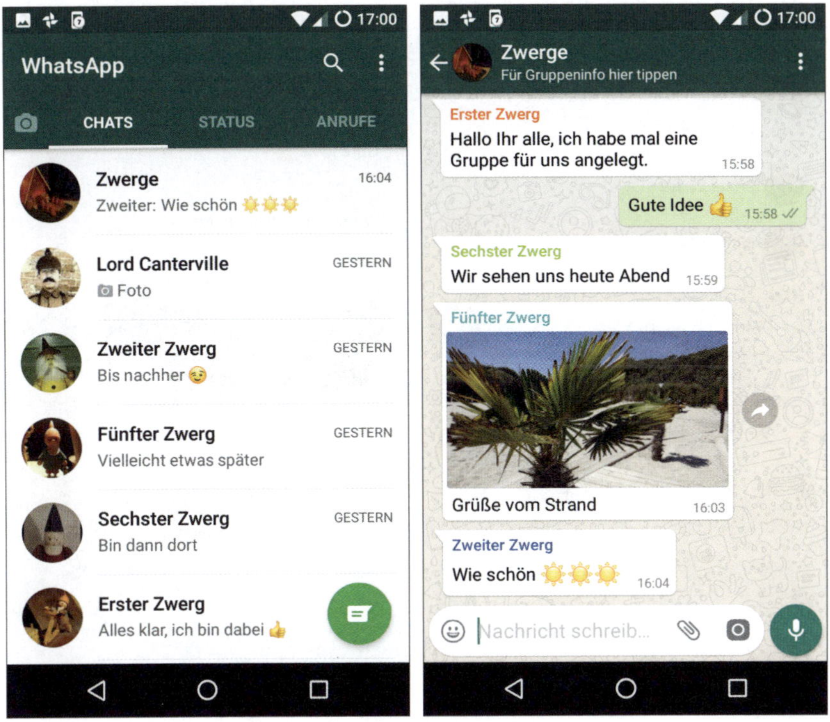

Links: Gruppe in der Chatübersicht, rechts: Gruppenchat.

Person in einem Gruppenchat erwähnen

Möchten Sie eine Person innerhalb der Gruppe mit einer Gruppennachricht ansprechen, schreiben Sie das Zeichen @. Dann taucht eine Liste der Gruppenmitglieder auf, in der Sie die Person auswählen.

Zusätzlich zur Gruppennachricht erhält die erwähnte Person noch eine zusätzliche Benachrichtigung in der Benachrichtigungsleiste. Hier ertönt auch ein Ton, wenn diese Person Gruppenbenachrichtigungen auf stumm gestellt hat.

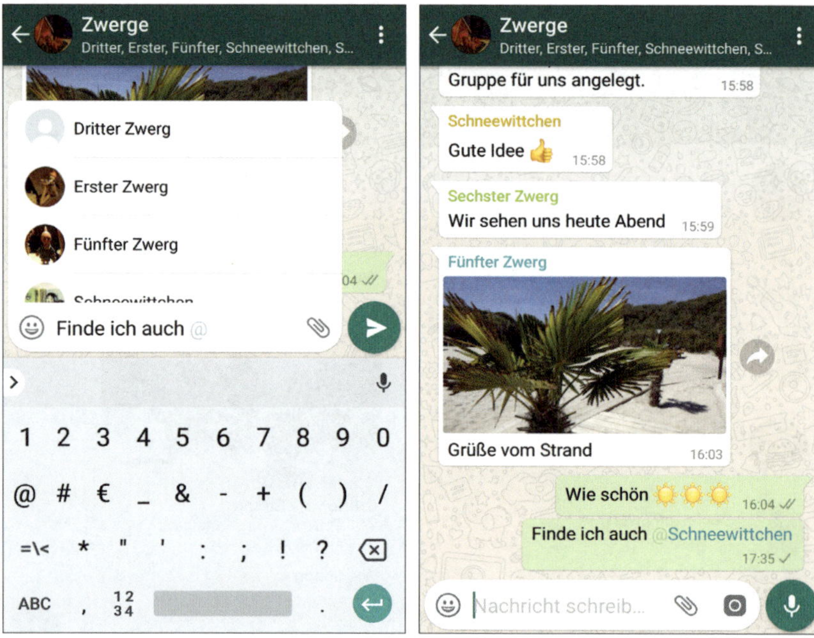

Eine Person im Gruppenchat erwähnen.

Person aus einem Gruppenchat direkt ansprechen

Um eine Person, die in der Gruppe etwas geschrieben hat, direkt außerhalb der Gruppe zu kontaktieren, tippen Sie länger auf eine Nachricht dieser Person, bis die Symbolleiste am oberen Bildschirmrand erscheint.

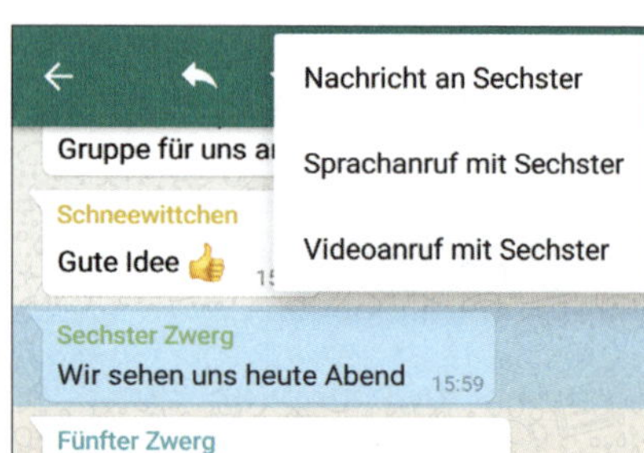

Das Menü beim Antippen einer Nachricht.

Im Menü mit den drei Punkten rechts oben können Sie wählen, ob Sie der Person eine Nachricht schreiben möchten oder sie anrufen.

+++ SO GEHT'S AUF DEM IPHONE +++

Tippen Sie länger auf die Nachricht, wischen Sie zweimal nach links und tippen Sie dann auf *Nachricht an*, um der Person eine Nachricht zu schreiben. Direkt anzurufen, ist nicht möglich.

Nachrichten zitieren

Wenn Sie in sehr aktiven Gruppen auf eine Nachricht antworten, ist oft nicht mehr klar, worauf sich die Antwort bezieht. In solchen Fällen kann man zur Übersichtlichkeit beitragen, indem man eine Nachricht zitiert.

Nachricht in einer Gruppe zitieren.

Tippen Sie länger auf eine Nachricht, die Sie zitieren möchten, bis die Symbolleiste am oberen Bildschirmrand erscheint. Tippen Sie hier auf den Pfeil nach links. Die Nachricht erscheint als Zitat oberhalb des Eingabefeldes. Schreiben Sie jetzt Ihren Text. Bei den anderen Personen in der Gruppe erscheint die Nachricht ebenfalls als Zitat.

Leiten Sie eine zitierte Gruppennachricht an eine Person in einem persönlichen Chat weiter, wird das Zitat automatisch entfernt.

+++ SO GEHT'S AUF DEM IPHONE +++

Tippen Sie länger auf die Nachricht und dann auf *Antwort*, um sie in der Gruppe zu zitieren.

Gruppe stummschalten

Gruppen mit vielen Nachrichten lassen ständig Benachrichtigungen ertönen, was auf Dauer sehr lästig sein kann. Sie müssen deshalb aber nicht gleich das Smartphone komplett auf lautlos schalten. Tippen Sie in der Gruppe oben rechts auf das Menü mit den drei Punkten und wählen Sie dort *Benachr. stummschalten*. Jetzt brauchen Sie nur noch festzulegen, wie lange diese Stummschaltung gelten soll, und ob Sie weiterhin bei neuen Gruppennachrichten Benachrichtigungen sehen möchten. Sind die Benachrichtigungen stummgeschaltet, ändert sich der Menüpunkt automatisch auf *Benachr. nicht mehr stumm*.

+++ SO GEHT'S AUF DEM IPHONE +++

Tippen Sie im Gruppenchat oben auf den Gruppennamen, um die Gruppeninfoseite zu sehen. Hier können Sie die Gruppe stummschalten.

Nachrichteninfo – wer hat die Nachricht schon gelesen

Manche Leute antworten auf Nachrichten einfach nicht, weil sie möglicherweise nicht erkennen, dass eine Antwort für den Absender hilfreich wäre. Bei persönlichen Chats erkennen Sie an den blauen Häkchen, wenn der

Chatpartner die Nachricht gelesen hat. In Gruppennachrichten erscheinen die blauen Häkchen erst, wenn alle Gruppenmitglieder die Nachricht gelesen haben.

Tippen Sie länger auf eine Nachricht, bis die Symbolleiste am oberen Bildschirmrand erscheint. Tippen Sie hier auf das *Info*-Symbol.

Das Info-Symbol in der Mitte der Symbolleiste.

Die Liste zeigt, wer wann die Nachricht gelesen hat. Weiter unten zeigt eine zweite Liste, an wen die Nachricht zugestellt, aber noch nicht gelesen wurde. *Ausstehend* bedeutet in diesem Fall, die Nachricht konnte an einige Gruppenmitglieder nicht zugestellt werden, weil sie ihre Smartphones ausgeschaltet oder keinen Netzempfang haben. Diese Info-Anzeige funktioniert nur bei Nachrichten, die Sie selbst geschrieben haben.

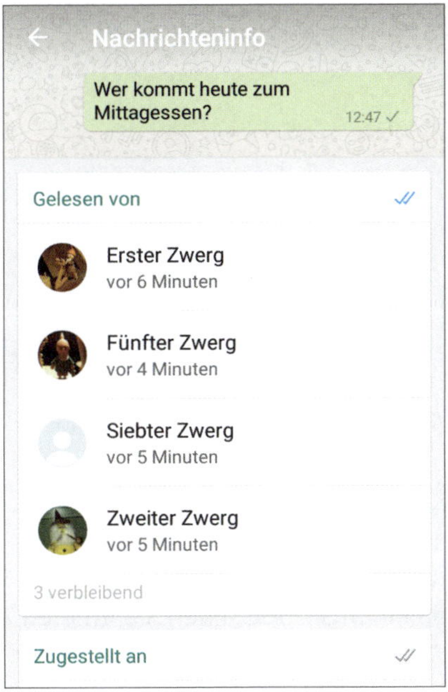

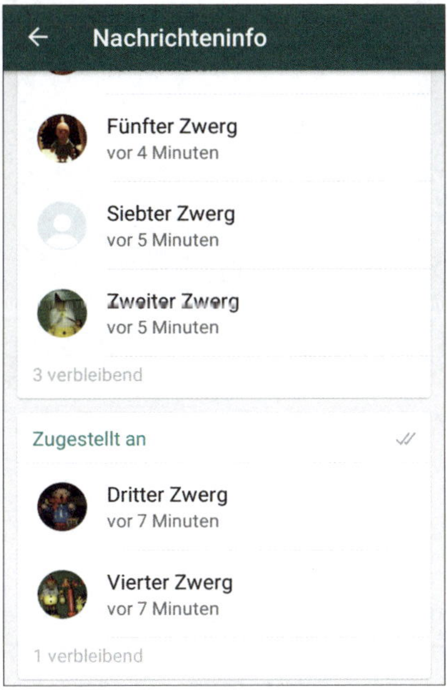

Informationen zu einer gesendeten Gruppennachricht.

Nachrichten löschen

Auch in Gruppen können Nachrichten gelöscht werden. Tippen Sie länger auf eine Nachricht, bis die Symbolleiste am oberen Bildschirmrand erscheint. Tippen Sie hier auf das Papierkorbsymbol. Jetzt haben Sie die Wahl, ob Sie Ihre Nachricht nur selbst nicht mehr sehen möchten oder ob sie für alle in der Gruppe gelöscht werden soll.

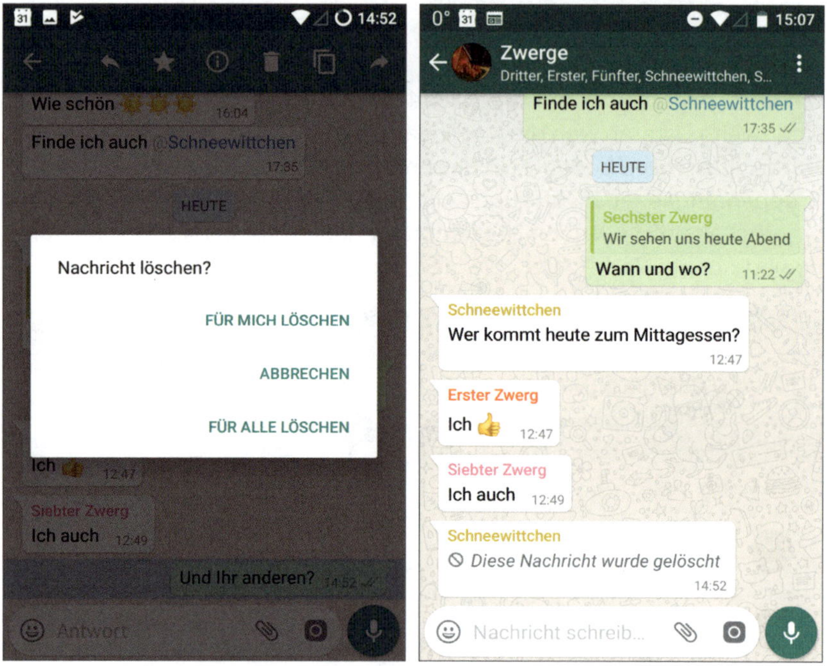

Andere Gruppenmitglieder sehen, dass eine Nachricht gelöscht wurde.

Gruppenmedien

Alle Bilder, Videos und sonstige Medien einer Gruppe sehen Sie im Menü der Gruppe unter *Gruppenmedien*. Wie auch im Chatverlauf werden nur die Medien ab dem Zeitpunkt angezeigt, seit Sie der Gruppe beigetreten sind.

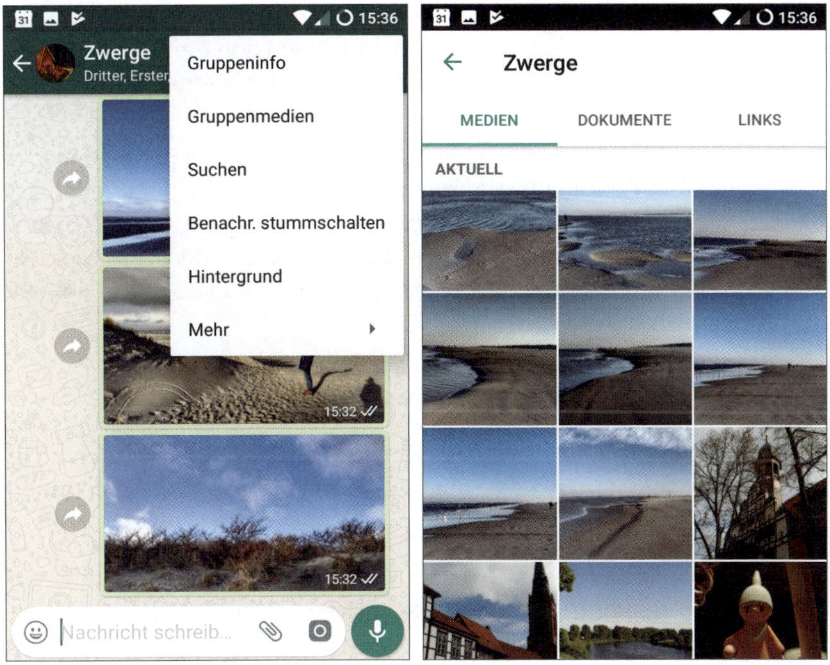

Gruppenmedien anzeigen.

Aufgaben des Gruppen-Admins

Wer eine Gruppe angelegt hat, ist automatisch der Administrator dieser Gruppe und hat damit die Berechtigung, weitere Personen in die Gruppe aufzunehmen, andere zum Administrator zu machen oder auch Personen aus der Gruppe zu werfen. Tippen Sie im Chat einer Gruppe oben auf den grünen Balken mit dem Gruppennamen, sehen Sie das Gruppenbild und alle Mitglieder der Gruppe.

Personen nachträglich hinzufügen

Administratoren haben hier zusätzlich zwei grüne Buttons, um Teilnehmer zur Gruppe hinzuzufügen.

- Das Symbol *Teilnehmer hinzufügen* blendet eine Liste der eigenen Kontakte ein. Hier können Sie Personen auswählen und der Gruppe hinzufügen. Diese erhalten eine Benachrichtigung und werden automatisch Mitglied.
- Das Symbol *Mit Link einladen* generiert einen Link, der per E-Mail oder auf anderem Kommunikationsweg versendet werden kann. Jeder, der diesen Link auf seinem Smartphone aufruft, kann der Gruppe beitreten. Als Administrator können Sie später jederzeit den Link widerrufen. Ab diesem Zeitpunkt kann keine weitere Person über den Link der Gruppe beitreten.

Personen zu Administratoren machen

Gruppen können mehrere Administratoren haben, so braucht sich nicht eine Person allein darum zu kümmern, wer in die Gruppe aufgenommen wird und wer nicht.

Tippen Sie als Administrator auf dem Gruppeninfo-Bildschirm länger auf eine Person, erscheint ein Menü. Hier können Sie die Person zum Gruppen-Admin machen. Sie hat dann die gleichen Administratorrechte.

Personen aus der Gruppe werfen

Im gleichen Menü, beim längeren Tippen auf eine Person in der Gruppe, können Administratoren die Person auch aus der Gruppe entfernen.

Gruppe verlassen

Jeder kann nach Belieben Gruppen verlassen, man muss nicht darauf warten, vom Gruppen-Admin entfernt zu werden.

Tippen Sie im Gruppenchat auf das Menü mit den drei Punkten rechts oben und wählen Sie *Gruppeninfo*. Tippen Sie ganz unten auf das Symbol *Gruppe verlassen*, erscheint noch eine Frage, ob Sie die Gruppe wirklich verlassen wollen oder lieber nur stummschalten.

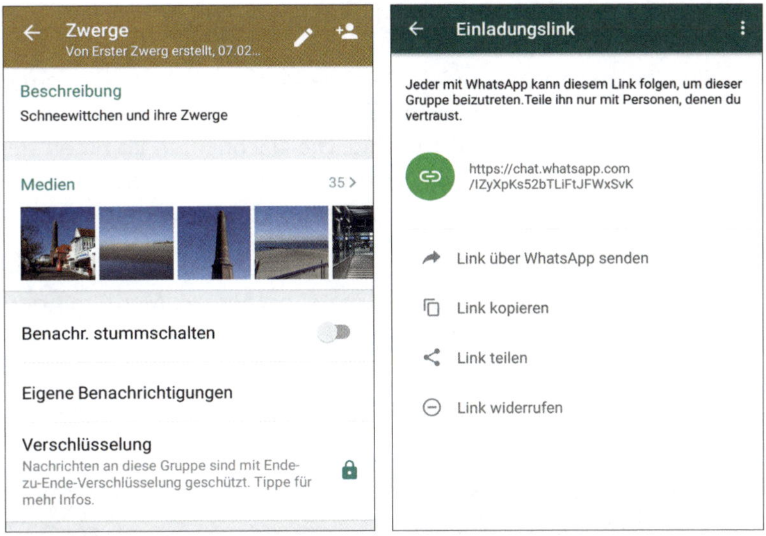

Administratoren können Personen zur Gruppe einladen.

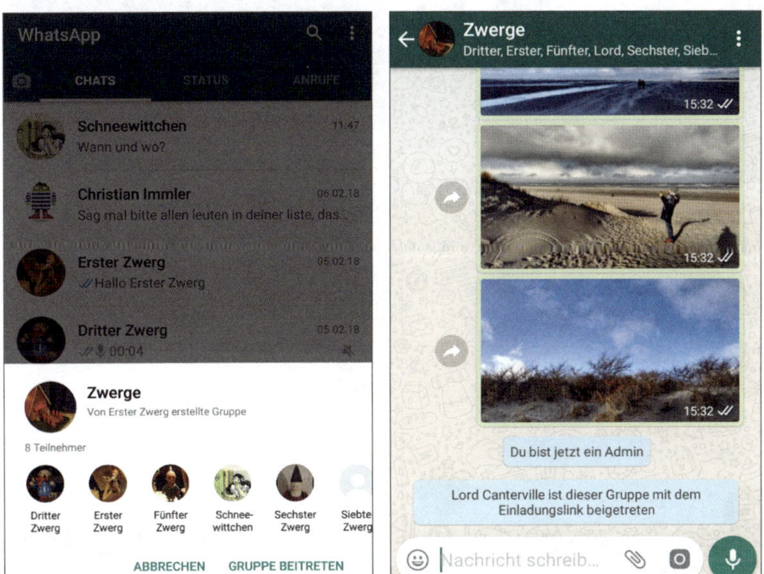

Eine Person tritt über einen Einladungslink einer Gruppe bei.

Broadcast-Nachrichten im Unterschied zu Gruppen

Möchten Sie eine Nachricht an viele Personen auf einmal senden, ohne gleich eine Gruppe zu gründen, erstellen Sie eine Broadcast-Liste. Diese Liste steht nur Ihnen selbst zur Verfügung. Die Nachrichten kommen bei den anderen Personen wie einzelne Nachrichten an. Die anderen können auch nicht an alle Mitglieder der Liste schreiben, da sie die anderen gar nicht kennen.

1. Tippen Sie in der Hauptansicht von WhatsApp auf das Menü mit den drei Punkten und wählen Sie *Neuer Broadcast*.
2. Wählen Sie auf dem nächsten Bildschirm die Personen aus, die in die Liste aufgenommen werden sollen, und tippen Sie anschließend auf das grüne Häkchen unten rechts.

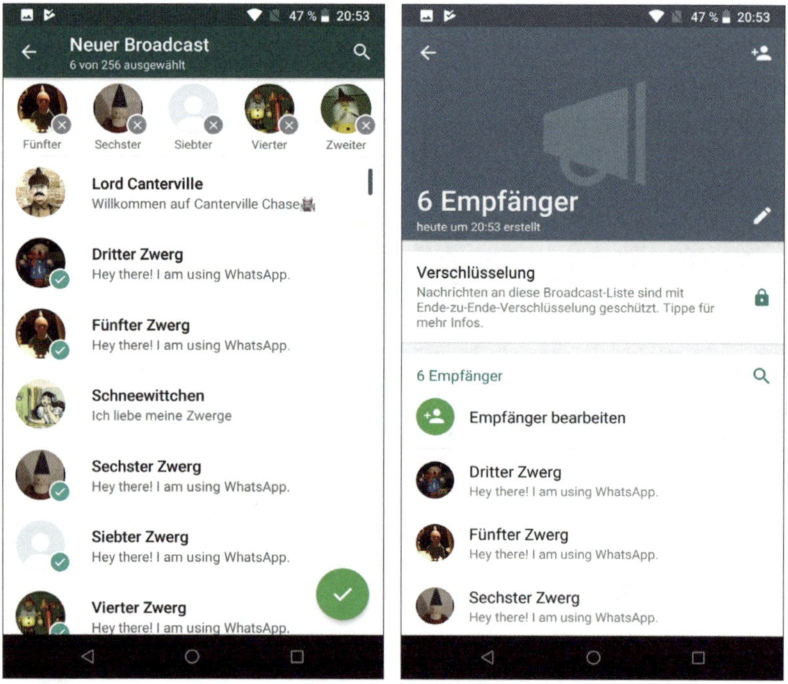

Broadcast-Liste anlegen und bearbeiten.

3. Ein Chatfenster für die Liste erscheint. Hier können Sie eine Nachricht eingeben. Damit Sie bei den Broadcast-Listen eine bessere Übersicht haben, können Sie diesen, ähnlich wie Gruppen, einen Namen geben. Tippen Sie dazu oben auf den grünen Balken.
4. Im Infobildschirm der Broadcast-Liste sehen Sie alle Empfänger, können neue hinzufügen oder welche entfernen. Mit dem Stiftsymbol ändern Sie den Namen der Liste.
5. Schreiben Sie eine Nachricht an die Liste, erscheint diese bei allen Empfängern in den persönlichen Chats. Wundern Sie sich also nicht, dass die Empfänger alle in einzelnen Chats antworten.

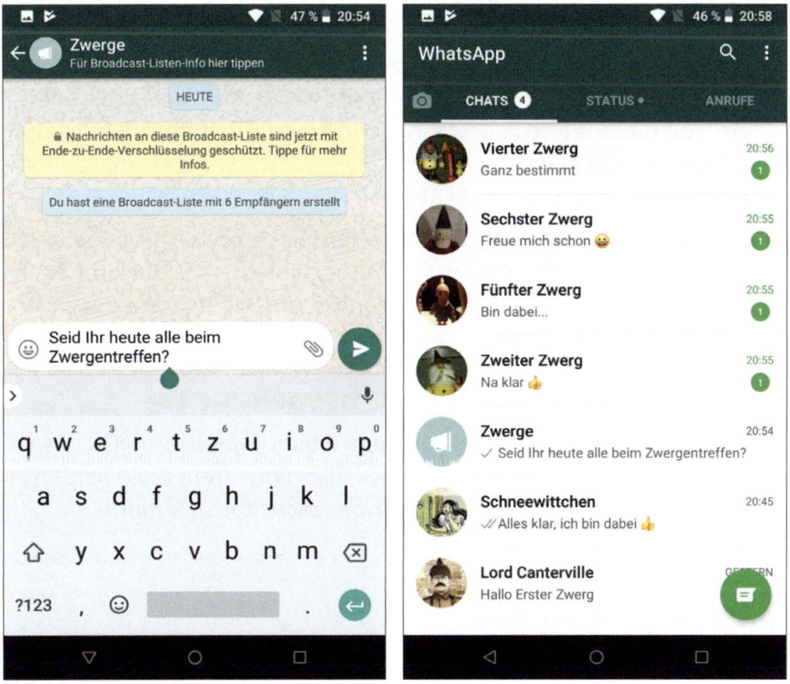

Eine Broadcast-Nachricht und die Antworten.

9. Wichtige Einstellungen

Viele Einstellungen in WhatsApp wurden bisher im Laufe dieses Buches schon erwähnt. Einige interessante Einstellungen verbergen sich allerdings noch in den Tiefen der Menüs. Sie sollen hier vorgestellt werden.

Nützliche Chat-Einstellungen

Im Menü des WhatsApp-Hauptbildschirms unter *Einstellungen/Chats* legen Sie Aussehen und Verhalten des Chatbildschirms fest.

- **Enter = Senden** – In der Grundeinstellung fügt die ⏎-Taste auf der Bildschirmtastatur einen Zeilenumbruch in den geschriebenen Text ein. Auf diese Weise kann man einen langen Text übersichtlich halten. Setzen Sie das Häkchen, wirkt die ⏎-Taste wie der grüne Pfeil und schickt die Nachricht direkt ab.
- **Schriftgröße** – Je nach Bildschirmgröße des Smartphones und persönlichen Vorlieben können Sie drei verschiedene Schriftgrößen in den Chatfenstern wählen. Die Schriftgröße der Menüs und Listen ändert sich dabei nicht.

+++ SO GEHT'S AUF DEM IPHONE +++

Die Einstellungen finden Sie auf dem WhatsApp-Hauptbildschirm über das Symbol *Einstellungen* unten rechts. Allerdings stehen die beiden zuvor erwähnten Einstellungen auf dem iPhone nicht zur Verfügung.

Hintergrundbilder

Wem der Standardhintergrund in den Chatfenstern zu langweilig ist, der kann unter *Einstellungen/Chats/Hintergrund* auch ein eigenes Hintergrundbild verwenden.

- Das *WhatsApp*-Symbol bietet eine Auswahl von Hintergrundbildern, die beim ersten Mal als kostenloses Zusatzpaket *WhatsApp Wallpaper* über den Google Play Store heruntergeladen werden müssen.

- Sie können auch ein *Hintergrundbild* aus der Galerie auswählen. Eine Vorschau zeigt das Bild vor der Verwendung an. Durch Ziehen und Zoomen können Sie einen Bildausschnitt wählen.

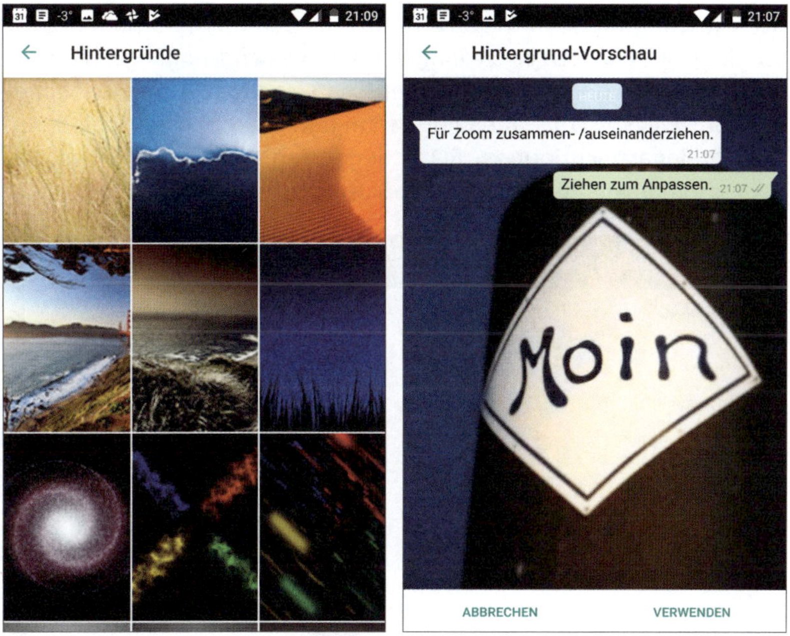

Links: WhatsApp-Hintergrundbilder, rechts: eigenes Bild als Hintergrund verwenden.

Nur ein Hintergrundbild für alle Chats

In den Menüs jedes Chats finden Sie ebenfalls einen Menüpunkt *Hintergrund*. Das bedeutet aber nicht, dass jeder Chat einen eigenen Hintergrund verwenden kann. Alle Chats verwenden immer den gleichen Hintergrund.

+++ SO GEHT'S AUF DEM IPHONE +++

Die weiteren Hintergrundbilder werden direkt mit WhatsApp installiert und brauchen nicht nachträglich heruntergeladen zu werden.

Benachrichtigungen

WhatsApp lässt bei jeder eingehenden Nachricht einen Ton hören. Außerdem leuchtet die LED des Smartphones. Dazu muss das Smartphone LED-Benachrichtigungen unterstützen, was bei den meisten modernen Geräten der Fall ist. In den *Einstellungen* unter *Benachrichtigungen* können Sie für Benachrichtigungen aus privaten Chats und für Gruppenbenachrichtigungen zwei verschiedene Klingeltöne und auch zwei verschiedene Farben der Benachrichtigungs-LED festlegen, um sofort zu erkennen, ob sich gerade ein privater Chat oder eine Gruppe meldet.

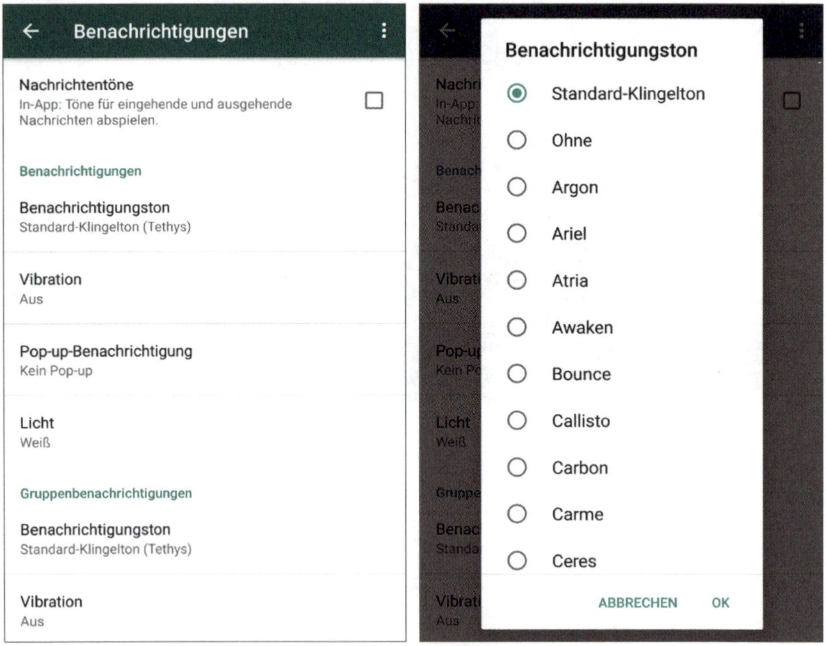

Klingelton für Nachrichten und Gruppennachrichten festlegen.

+++ SO GEHT'S AUF DEM IPHONE +++

Die Einstellungen für Benachrichtigungen finden Sie in den WhatsApp-Einstellungen unter *Mitteilungen*. Da das iPhone keine Benachrichtigungs-LED hat, können dafür auch keine Farben gewählt werden.

Besondere Klingeltöne für besondere Personen

Möchten Sie die Nachrichten einer persönlich besonders wichtigen Person in der Flut an WhatsApp-Nachrichten sofort erkennen, geben Sie dieser Person einen eigenen Klingelton oder eine eigene LED-Farbe.

Tippen Sie dazu in der Kontaktansicht der Person auf *Eigene Benachrichtigungen* und aktivieren Sie auf der nächsten Seite den Schalter *Eigene Benachrichtigungen*. Jetzt können Sie für diese Person die Töne für Chatbenachrichtigungen und Anrufe sowie die LED-Farbe festlegen. Für alle anderen gelten weiterhin die Standardeinstellungen.

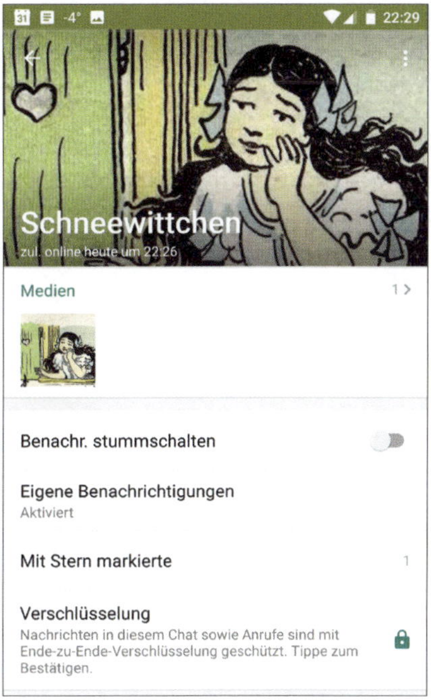

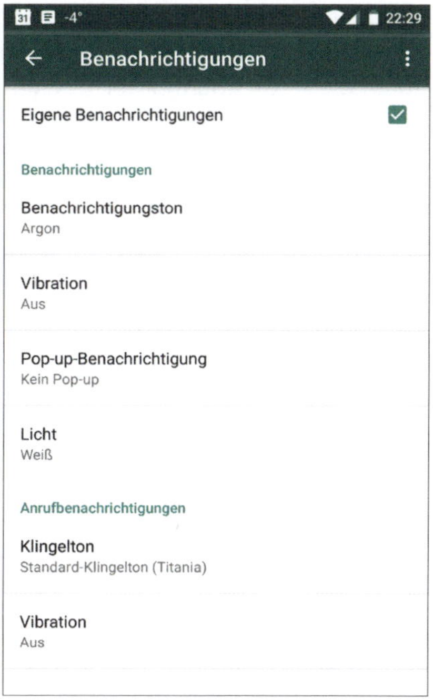

Eigene Benachrichtigungen für eine Person aktivieren.

+++ SO GEHT'S AUF DEM IPHONE +++

Die Einstellungen für persönliche Benachrichtigungen finden Sie auf der *Kontaktinfo*-Seite unter *Eigene Töne*. Auch hier gibt es keine LED-Farben.

Besonderen Personen schnell antworten

Möchten Sie Nachrichten von bestimmten Personen sofort sehen und gleich beantworten können? Dann lassen Sie diese als Pop-up auf dem Bildschirm erscheinen.

Tippen Sie in den Einstellungen für *Eigene Benachrichtigungen* dieser Person auf *Pop-up-Benachrichtigung*. Hier können Sie wählen, ob Pop-up-Benachrichtigungen nur bei ausgeschaltetem oder eingeschaltetem Bildschirm oder immer angezeigt werden sollen.

Schickt diese Person eine Nachricht, erscheint diese als Pop-up auf dem Bildschirm und Sie können sie sofort beantworten, ohne zu WhatsApp zu wechseln. Danach können Sie auch direkt dort weitermachen, wo Sie durch diese Nachricht unterbrochen wurden.

Über den Menüpunkt *Einstellungen/Benachrichtigungen* auf dem WhatsApp-Hauptbildschirm können Sie Pop-up-Benachrichtigungen auch generell einschalten. Sie gelten dann für alle Nachrichten.

+++ SO GEHT'S AUF DEM IPHONE +++

Diese Funktion ist auf dem iPhone nicht verfügbar.

Nicht-stören-Modus für die Nacht

WhatsApp bietet selbst keine Möglichkeit, Benachrichtigungen zu bestimmten Zeiten, etwa in der Nacht, automatisch stummzuschalten. Nutzen Sie dazu den Nicht-stören-Modus von Android 8 Oreo.

Tippen Sie auf das Schnelleinstellungssymbol *Nicht stören*. Damit schalten Sie das Smartphone ganz einfach in den Nicht-stören-Modus – auf manchen Smartphones auch als Ruhemodus bezeichnet –, in dem es weder klingelt noch vibriert. Zur Erinnerung, dass der Nicht-stören-Modus aktiv ist, erscheint in der Symbolleiste rechts oben ein entsprechendes Symbol.

Tippen Sie auf das Symbol in der erweiterten Schnelleinstellungsleiste, können Sie festlegen, ob dieser Modus nach einer bestimmten Zeit – standardmäßig nach einer Stunde – automatisch beendet und wieder in den Normalmodus zurückgeschaltet wird oder ob Sie ihn manuell deaktivieren möchten.

Die automatische Abschaltzeit lässt sich mit den Plus- und Minussymbolen verändern.

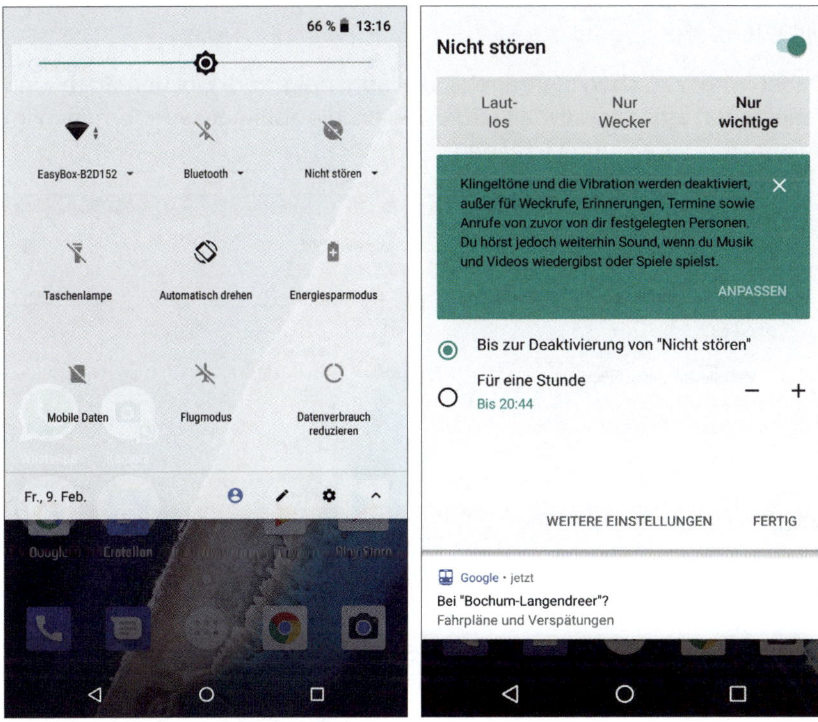

Nicht-stören-Modus einschalten.

Über die *Automatischen Regeln* in den Einstellungen zu *Nicht stören* können Sie Regeln definieren, über die sich das Smartphone zu bestimmten Zeiten oder bei bestimmten Ereignissen, die über Termine im Kalender definiert werden, selbstständig in den Nicht-stören-Modus schaltet.

Drei Regeln sind bereits vordefiniert, aber deaktiviert. Diese schalten das Smartphone in den Nächten auf den Modus *Nur Wecker*, wobei für Werktage und Wochenendnächte unterschiedliche Zeiten voreingestellt sind. Die Zeiten können Sie natürlich beliebig anpassen.

Die Regel *Event* schaltet während Terminen auf den Modus *Nur Wecker*, vorausgesetzt, die Termine wurden mit *Ja* oder *Vielleicht* beantwortet. Natürlich können Sie diese Regeln, bevor Sie sie einschalten, Ihren persönlichen Lebensgewohnheiten anpassen oder auch ganz neue Regeln definieren.

Dabei wird zwischen Zeitregeln, die abhängig von Wochentagen und Tageszeiten arbeiten, sowie Ereignisregeln, die abhängig von Terminen im Kalender arbeiten, unterschieden.

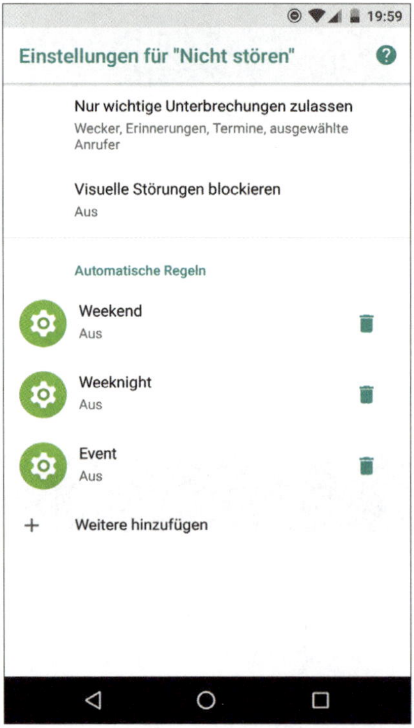

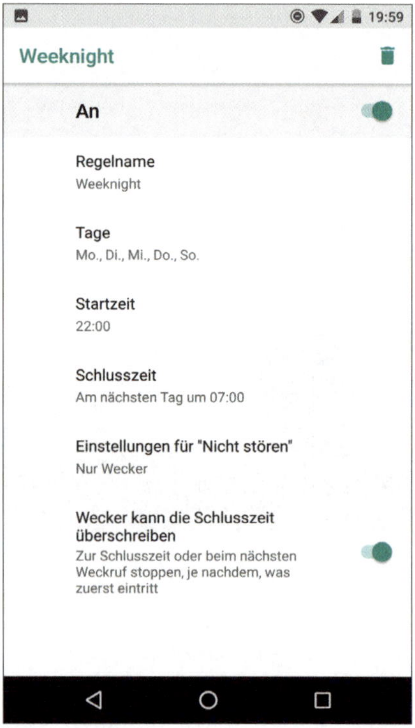

Nicht-stören-Modus automatisch ein- und ausschalten.

+++ SO GEHT'S AUF DEM IPHONE +++

Den Nicht-stören-Modus finden Sie in den iOS-Einstellungen unter *Nicht stören.*

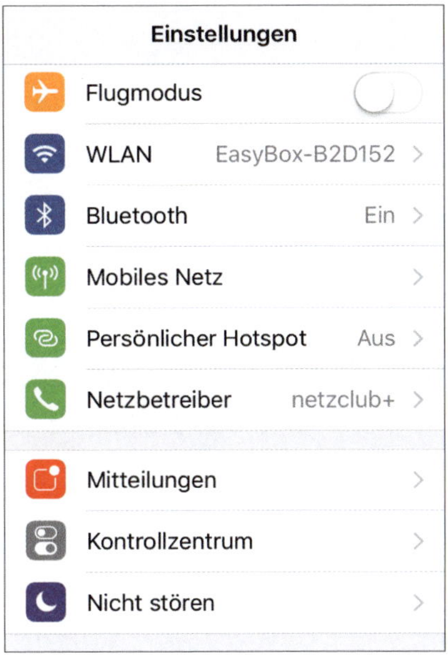

So viel Datenvolumen braucht WhatsApp wirklich

Wichtig bei der Ermittlung der optimalen Einstellungen und des optimalen Tarifs ist der tatsächliche persönliche Datenverbrauch.

Textnachricht (durchschnittlich 200 Zeichen)	1 KB
Foto (automatisch komprimiert)	60–90 KB
Video (abhängig von Länge und Auflösung)	max. 16 MB
Dateien und Dokumente	max. 100 MB
Sprachnachrichten und Telefonie	1 MB/min.
Videotelefonie	5 MB/min

In den WhatsApp-Einstellungen unter *Daten- und Speichernutzung/Netzwerk-Nutzung* finden Sie eine genaue Übersicht über Ihren Datenverbrauch. Setzen Sie diese Statistik immer am gleichen Tag des Monats regelmäßig zurück, können Sie gut abschätzen, welchen Anteil WhatsApp am gesamten monatlichen Datenverbrauch hat.

Datenverbrauch sparen

Um Datenverbrauch zu sparen, können Sie in den WhatsApp-Einstellungen unter *Daten- und Speichernutzung* den automatischen Download von Medien im Mobilfunknetz abschalten oder auf Fotos begrenzen.

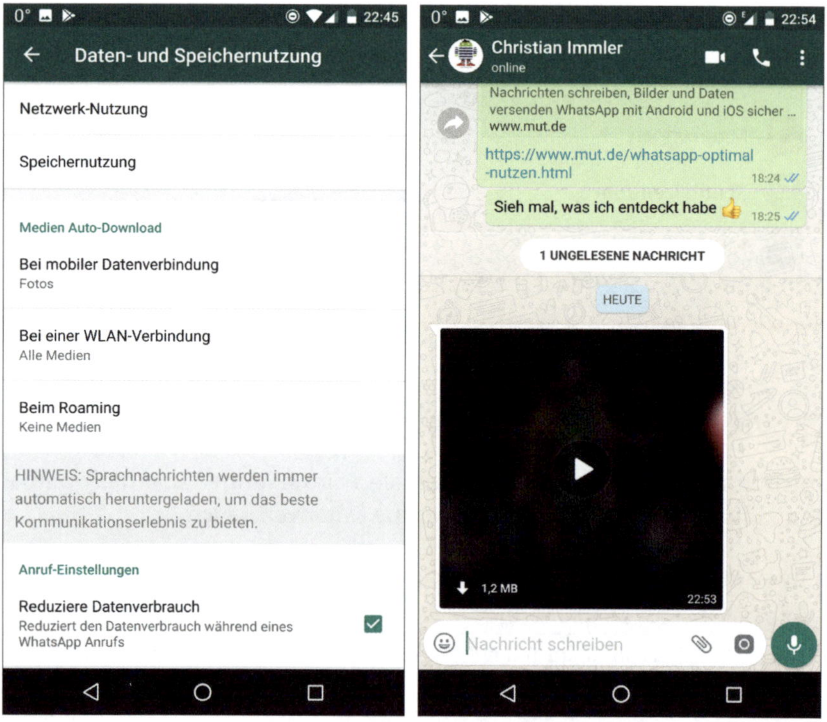

Einstellungen zum Datenverbrauch und Vorschau der Dateigröße eines nicht automatisch heruntergeladenen Videos.

Videos, Audios und Dokumente erscheinen dann automatisch nur als Symbol und werden erst beim Tippen darauf heruntergeladen. Bei jeder Datei wird die Größe angezeigt, sodass Sie jederzeit entscheiden können, ob Sie sie herunterladen möchten oder nicht.

Ganz unten auf dieser Einstellungen-Seite können Sie den Datenverbrauch bei WhatsApp-Anrufen reduzieren. Dies verbessert bei schwachen Internetverbindungen auch die Gesprächsqualität.

Beim Roaming außerhalb der EU schalten Sie alle automatischen Downloads ab. Der automatische Download von Sprachnachrichten lässt sich leider nicht abschalten.

Tipps zu Mobilfunktarifen für WhatsApp

Da es so gut wie keine Smartphones ohne Internetzugang mehr gibt, ist mobiles Internet heute bei den allermeisten Mobiltarifen dabei.

Der mobile Internetzugang per UMTS, HSPA und auch LTE wird fast überall nach verbrauchtem Datenvolumen abgerechnet und nicht mehr nach Onlinezeit, wie es früher bei den ersten Handys der Fall war. Zur Ermittlung des Datenverbrauchs spielt es keine Rolle, ob Daten aus dem Internet heruntergeladen oder vom Smartphone gesendet werden, wie z. B. E-Mails oder Fotos, die man bei Facebook hochlädt. Jedes MByte zählt.

Mittlerweile enthalten fast alle Mobilfunktarife standardmäßig ein Datenpaket mit typischerweise 200–500 MByte. Seit die Internetverbindung nicht mehr komplett getrennt, sondern nur noch drastisch abgebremst wird, bezeichnen fast alle Anbieter ihre Datentarife als Internetflatrate. Entscheidend für die Preisunterschiede ist das Datenvolumen, bei dem die Bremse zuschlägt.

Die Internetverbindung wird nach dem Verbrauch des Inklusivvolumens nicht gestoppt, sondern auf GPRS-Geschwindigkeit gebremst, sodass man nicht komplett vom Internet abgeschnitten ist, da viele Funktionen von Smartphones ohne Internetanbindung gar nicht mehr funktionieren. Man kann das Freivolumen zwar ohne zusätzliche Kosten überschreiten, wird dann aber vom flotten LTE oder HSDPA auf GPRS-Niveau heruntergebremst, was die Nutzung für den Rest des Monats unattraktiv macht und höchstens noch für WhatsApp-Textnachrichten und E-Mails ohne Anhang reicht. Denn es handelt sich dabei nicht um eine Bremse von wenigen Prozent, sondern eher um ein »vor die Wand fahren« von theoretisch bis zu 150 Mbit/s bei LTE oder 32 Mbit/s bei HSPA+ (vergleichbar DSL 32.000) auf 64 Kbit/s (vergleichbar ISDN), also einen Geschwindigkeitsverlust von mehr als 99 %!

WhatsApp SIM – der Spezialtarif für WhatsApp

Telefónica bewirkt unter der Marke *WhatsApp SIM* einen Prepaid-Tarif ohne Vertragsbindung, speziell für WhatsApp-Nutzer im o2-Netz. Dahinter verbergen sich Prepaid-Pakete mit 400 (5 Euro für vier Wochen) oder 1.500 (10 Euro für vier Wochen) sogenannten Einheiten, die als Gesprächsminuten, SMS oder MByte Datenvolumen genutzt werden können. Nach Verbrauch der Einheiten kostet jede Gesprächsminute 9 Cent, Internetnutzung ist weiterhin möglich, wird aber auf 56 Kbit/s gedrosselt. Da die Drosselung bei reinen Textnachrichten über WhatsApp so gut wie gar nicht auffällt, spricht der Anbieter hier von unbegrenzt kostenloser WhatsApp-Nutzung. Der Versand von Bildern und Sprachnachrichten wird extrem langsam, Videotelefonie ist gar nicht mehr möglich.

WhatsApp SIM ist im sogenannten Basistarif mit einer Geschwindigkeit von 32 Kbit/s kostenfrei nutzbar, womit WhatsApp-Textnachrichten noch gesendet und empfangen werden können. Allerdings muss man mindestens 5 Euro Guthaben alle sechs Monate aufladen, damit die SIM-Karte aktiv bleibt.

10. Nützliche Tipps und Tricks

Eine alte Administratorenweisheit sagt: 90 % der Anwender nutzen nur 10 % der Funktionen eines Programms. Möchten Sie zu den übrigen 10 % gehören, finden Sie in diesem Kapitel sicher noch den einen oder anderen Tipp.

Datensicherung auf der Speicherkarte

WhatsApp sichert automatisch jede Nacht um 03:00 alle Nachrichten auf dem Smartphone bzw. auf der Speicherkarte im Ordner *WhatsApp/Backups*. Wenn Sie WhatsApp neu installieren, sucht die App nach einer Datensicherung und fragt, ob diese wiederhergestellt werden soll.

Tippen Sie, bevor Sie WhatsApp deinstallieren, in den *Einstellungen* unter *Chats/Chat-Backup* auf *Sichern*, um manuell eine Datensicherung anzulegen und nicht bis 03:00 warten zu müssen.

Datensicherung auf Google Drive

Noch wesentlich zuverlässiger als eine lokale Sicherung ist eine Datensicherung auf Google Drive. Damit können Sie Ihre Chatdaten wiederherstellen, auch wenn das Smartphone beschädigt wird oder verloren geht oder Sie einfach auf ein neueres Gerät wechseln möchten. Google Drive stellt jedem Benutzer mit seinem Google-Konto automatisch 15 GByte kostenlosen Onlinespeicher zur Verfügung.

1. Legen Sie in den *Einstellungen* unter *Chats/Chat-Backup* in der Zeile *Auf Google Drive sichern* fest, wie oft die automatische Sicherung erfolgen soll.
2. In der Zeile *Konto* wird Ihr persönliches Google-Konto, das auf dem Smartphone angemeldet ist, angezeigt. Tippen Sie darauf, können Sie ein anderes Konto festlegen. Dieses wird dann automatisch in den Ein-

stellungen auf dem Smartphone als weiteres Konto eingetragen. Wählen Sie in den Smartphone-Einstellungen unter *Konten/Google*, welche sonstigen Daten mit diesem Konto synchronisiert werden sollen.

3. In der Zeile *Sichern über* sollten Sie die Standardeinstellung *Nur WLAN* stehen lassen, da bei aktiver WhatsApp-Nutzung schnell mehrere 100 MByte Sicherungsdaten anfallen.
4. Videos werden standardmäßig nicht gesichert, da diese das Volumen der Sicherungsdatei erheblich vergrößern.

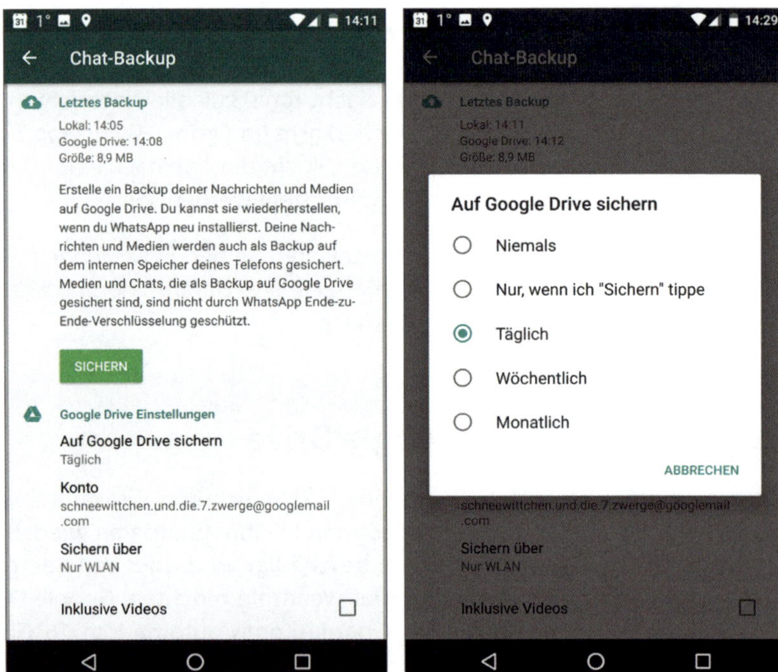

Datensicherung auf Google Drive.

Wenn Sie WhatsApp mit der gleichen Mobilnummer und dem gleichen Google-Konto neu installieren, sucht die App automatisch nach einer Datensicherung auf Google Drive und fragt, ob diese Daten übernommen werden sollen.

+++ SO GEHT'S AUF DEM IPHONE +++

In den WhatsApp-Einstellungen unter *Chats/Chat-Backup* können Sie Ihre Chats automatisch oder manuell in der iCloud sichern. Eine lokale Sicherung ist auf dem iPhone nicht möglich.

WhatsApp-Medien löschen, Speicherplatz freigeben

Im Laufe der Zeit belegen die zahlreichen per WhatsApp empfangenen Bilder, Sprachnachrichten und Videos erheblichen Speicherplatz. Viele davon braucht man schon kurze Zeit später nicht mehr. Sie belegen aber trotzdem Speicherplatz.

WhatsApp bietet ausführliche Übersichten, welche Chats wie viele Daten enthalten, und auch einfache Möglichkeiten, diese großzügig zu löschen, ohne jedes Bild oder Video im Chatverlauf einzeln löschen zu müssen.

1. Tippen Sie in den WhatsApp-Einstellungen unter *Daten- und Speichernutzung* auf *Speichernutzung*. Hier sehen Sie, welche Chats wie viel Speicher verbrauchen. Dabei spielt es keine Rolle, ob es sich um empfangene oder gesendete Daten handelt.

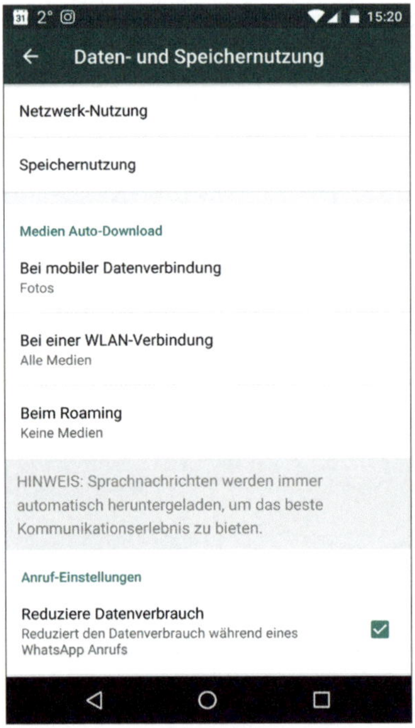

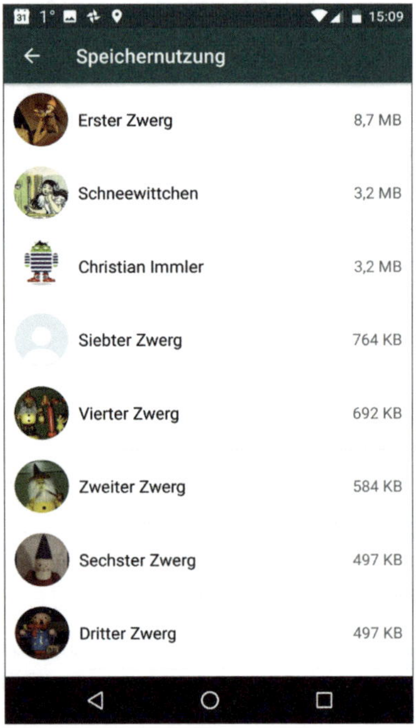

Speichernutzung anzeigen.

2. Tippen Sie auf eine Person oder Gruppe, wird genau dargestellt, welche Art von Daten wie viel Speicher verbraucht.
3. Tippen Sie unten auf *Nachrichten verwalten* und wählen Sie dann die Datenkategorien aus, die automatisch gelöscht werden sollen. Damit können Sie große Speicherfresser eliminieren und die reinen Textnachrichten bestehen lassen.

> **WhatsApp-Fotos auf Google Fotos sichern**
>
> Wenn Sie Ihre WhatsApp-Fotos automatisch auf Google Fotos sichern, haben Sie sie dort immer zur Verfügung und können sie regelmäßig auf dem Smartphone löschen, um wertvollen Speicherplatz freizugeben. Regelmäßiges Löschen der Medien spart auch Speicherplatz für die Datensicherung auf Google Drive. Die automatische Sicherung von Fotos in kleinen Auflösungen, wie WhatsApp sie verwendet, wird dagegen nicht auf das kostenlose Speicherplatzkontingent angerechnet.

Die brutale Methode – Chats komplett löschen

Enthalten Ihre Chats ohnehin nur Belanglosigkeiten, können Sie einzelne oder auch alle Chats mit wenig Aufwand einschließlich der darin enthaltenen Medien komplett löschen, was sehr schnell sehr viel Speicherplatz freigibt.

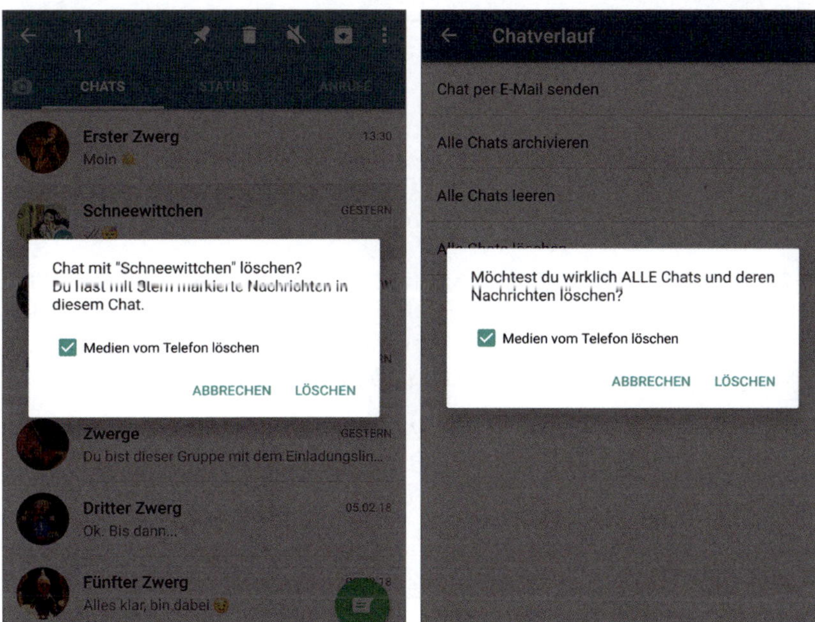

Einzelne oder alle Chats auf dem Smartphone löschen.

- Tippen Sie in der Chatübersicht länger auf eine Person, bis die Symbolleiste erscheint. Tippen Sie jetzt auf das Papierkorbsymbol, wird der gesamte Chat gelöscht. In der Sicherheitsabfrage können Sie vorher noch wählen, ob die enthaltenen Medien ebenfalls gelöscht werden sollen.
- In den WhatsApp-Einstellungen unter *Chats/Chatverlauf* können Sie alle Chats auf einmal löschen und dabei auf Wunsch auch alle Medien mit löschen. Bei den Chatpartnern bleiben die Nachrichten und Medien erhalten.

Chats löschen oder leeren

Der Unterschied zwischen *Chats löschen* und *Chats leeren* ist dieser: Beim Löschen verschwinden die Chats auch aus der Chatübersicht. Beim Leeren bleiben die Namen zum schnellen Zugriff dort stehen.

Außerdem können Sie beim Leeren festlegen, dass mit Stern markierte Nachrichten in den Chats erhalten bleiben.

Löschen im Dateimanager

Bevor WhatsApp die Möglichkeit bot, direkt aus der App Medien zu löschen, musste man das mit einem Dateimanager auf dem Smartphone erledigen. Das funktioniert heute immer noch.

Android 8 Oreo beinhaltet zumindest einen ganz einfachen Dateimanager, der zwar nicht viele Funktionen bietet, aber zum Löschen von Dateien und für viele andere Alltagsaufgaben ausreicht. Sie finden diesen Dateimanager nicht als App, sondern in den *Einstellungen* unter *Speicher/Dateien*.

In der Verzeichnisstruktur unter *WhatsApp/Media* finden Sie einzelne Ordner für Fotos, Videos, Audios und andere Medientypen innerhalb von WhatsApp.

Jeder Ordner enthält die empfangenen Medien sowie einen weiteren Ordner *sent*, in dem die gesendeten Medien liegen. Löschen Sie bei Bedarf durch längeres Antippen. Die Ordner selbst müssen bestehen bleiben.

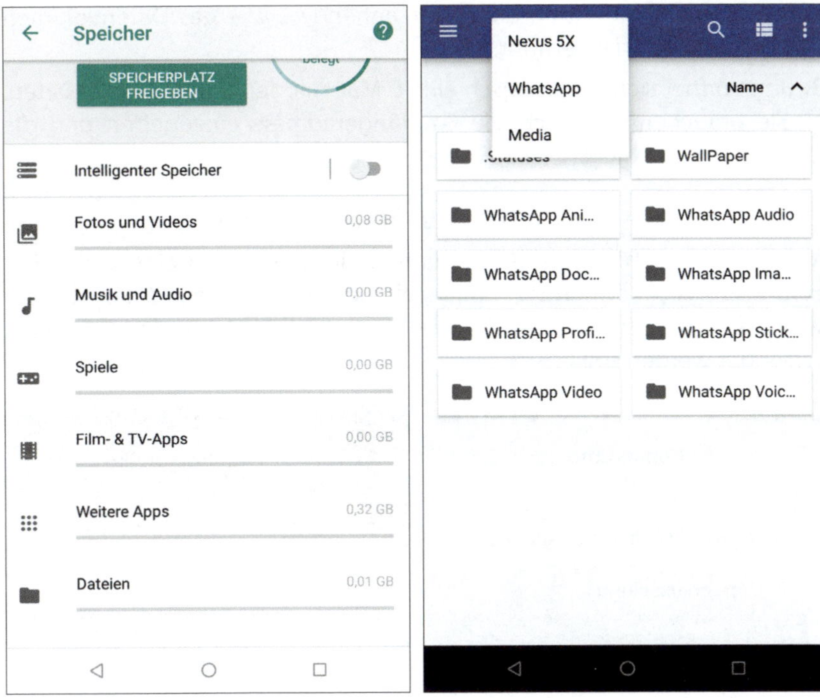

Der Dateimanager in Android 8 Oreo.

+++ SO GEHT'S AUF DEM IPHONE +++

Auf dem iPhone gibt es keinen Dateimanager für lokale Dateien.

Wichtige Chats per E-Mail sichern

Chats, an die Sie sich vielleicht Jahre später noch erinnern möchten, können Sie sich selbst oder auch einer anderen Person, beispielsweise dem Chatpartner, per E-Mail schicken.

1. Tippen Sie in den WhatsApp-Einstellungen unter *Chats* auf *Chatverlauf/ Chat per E-Mail senden*.
2. Wählen Sie auf der nächsten Seite die Person, deren Chatverlauf Sie senden möchten. Sie können die Bilder, Videos, Audios und Dokumen-

te aus diesem Chat an die E-Mail anhängen, was das Datenvolumen allerdings deutlich erhöht.

3. Jetzt öffnet sich automatisch eine E-Mail mit den angehängten Daten. Sie brauchen nur noch die Empfängeradresse einzugeben und die E-Mail abzuschicken.

+++ SO GEHT'S AUF DEM IPHONE +++

Auf der Kontaktinfo-Seite jedes Chats findet sich unten eine Zeile *Chat exportieren*. Hier können Sie wählen, ob die Medien mit exportiert werden sollen. Anschließend wählen Sie die App oder E-Mail, mit der das Archiv versendet werden soll.

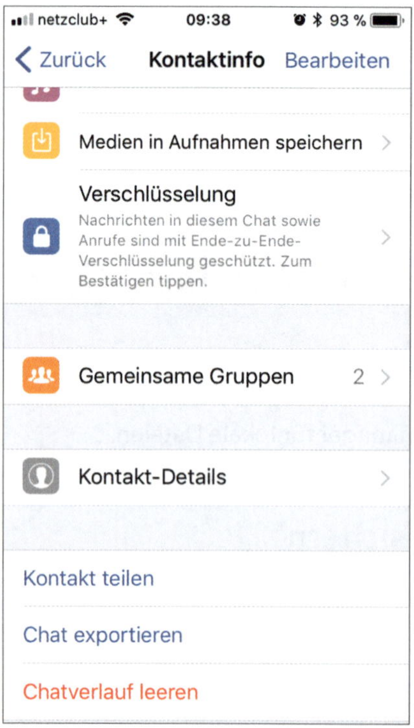

Chats archivieren

Chatten Sie mit vielen Personen, wird die Chatübersicht auf dem WhatsApp-Hauptbildschirm schnell sehr voll. Chats, die Sie im Moment nicht brauchen, aber auch nicht löschen möchten, können Sie archivieren. Sie erscheinen dann nicht mehr in der Chatübersicht, Sie können aber trotzdem jederzeit darauf zugreifen. Kommt eine neue Nachricht in einem archivierten Chat an, wird dieser sofort wieder in der Chatübersicht angezeigt.

1. Markieren Sie durch langes Antippen in der Chatübersicht einen oder mehrere Chats, die archiviert werden sollen.
2. Tippen Sie in der Symbolleiste oben auf das Symbol *Archivieren*. Die Chats verschwinden aus der Chatübersicht.

3. Am unteren Ende der Chatübersicht wird angezeigt, wie viele Chats archiviert sind. Tippen Sie darauf, sehen Sie die Liste.
4. Markieren Sie durch langes Antippen in der Liste archivierter Chats einen oder mehrere Chats, die aus dem Archiv zurückgeholt werden sollen, und tippen Sie dann auf das Archivsymbol, dessen Pfeil diesmal nach oben zeigt. Die Chats werden aus dem Archiv zurückgeholt.

In den WhatsApp-Einstellungen unter *Chats/Chatverlauf* können Sie alle Chats auf einmal archivieren.

+++ SO GEHT'S AUF DEM IPHONE +++

Um einen Chat zu archivieren, wischen Sie ihn in der Chatübersicht nach links, bis das Symbol *Archivieren* erscheint.

Texte automatisch übersetzen

Haben Sie eine Nachricht oder einen anderen Text in einer Sprache bekommen, die Ihr Chatpartner nicht versteht, können Sie diese vor dem Absenden automatisch übersetzen lassen.

1. Tippen Sie auf den kleinen Pfeil links oberhalb der Tastatur und tippen Sie dann in der Mitte der Symbolleiste auf das *Google Translate*-Symbol.

2. Geben Sie den Text in das Übersetzungsfeld ein. Die Ausgangssprache wird meist automatisch erkannt, die Zielsprache wählen Sie rechts in der Liste. Sollte die Ausgangssprache nicht korrekt erkannt werden, wählen Sie sie in der linken Liste.
3. Der übersetzte Text wird automatisch in das Texteingabefeld eingetragen und kann so versendet werden.

+++ SO GEHT'S AUF DEM IPHONE +++

Diese Funktion ist auf dem iPhone nicht verfügbar.

Mobilnummer ändern

Wenn Sie zum Beispiel bei einem Anbieterwechsel eine neue Handynummer bekommen, können Sie diese auch mit Ihrem bestehenden WhatsApp-Konto nutzen.

1. Tippen Sie in den WhatsApp-Einstellungen auf Ihr Profilbild und stellen Sie sicher, dass Ihr WhatsApp-Konto wirklich mit der alten Handynummer angemeldet ist.
2. Stecken Sie die neue SIM-Karte in das Smartphone.
3. Wählen Sie in den WhatsApp-Einstellungen *Accounts/Nummer ändern*.
4. Tragen Sie auf der nächsten Seite die alte und die neue Handynummer ein.
5. Danach wird die Nummer des WhatsApp-Kontos automatisch geändert. Chatverlauf, Einstellungen und alle Gruppen bleiben erhalten. Mit der alten Nummer kann eine andere Person ein neues WhatsApp-Konto einrichten. In Gruppen erscheint eine Infozeile, dass Sie Ihre Nummer geändert haben. Persönliche Chats werden nicht automatisch benachrichtigt.

Tipp beim Wechsel der Handynummer

Teilen Sie Ihren Kontakten Ihre neue Handynummer mit und bitten Sie sie, die alte aus den Kontakten zu löschen. Die alte Handynummer wird möglicherweise schon nach kurzer Zeit vom Mobilfunkanbieter neu vergeben und dann von einem anderen WhatsApp-Nutzer verwendet.

WhatsApp auf ein neues Smartphone übertragen

Wenn Sie einfach nur Ihr Smartphone wechseln, behalten Sie in den meisten Fällen Ihre Handynummer und damit auch Ihr WhatsApp-Konto.

1. Sichern Sie auf dem alten Smartphone in den WhatsApp-Einstellungen unter *Chats/Chat-Backup* Ihre Daten bei Google Drive.
2. Nehmen Sie jetzt die SIM-Karte aus dem Smartphone und stecken Sie sie in das neue Gerät.
3. Melden Sie auf dem neuen Smartphone Ihr Google-Konto an. Verwenden Sie für die erste Synchronisation mit dem Google-Konto wie auch für die folgende WhatsApp-Installation auf jeden Fall WLAN.
4. Installieren Sie jetzt WhatsApp neu aus dem Google Play Store. Nach der Bestätigung der Handynummer per SMS fragt WhatsApp, ob die Datensicherung von Google Drive zurückgesichert werden soll. Bestätigen Sie dies. Die Rücksicherung der Medien kann einige Minuten dauern. Sie können WhatsApp aber sofort mit Ihrem gewohnten Nutzerkonto wiederverwenden.

Wechsel von iPhone nach Android oder umgekehrt

Beim Wechsel vom iPhone nach Android oder umgekehrt kann der Chatverlauf **nicht** übernommen werden.

Was bedeutet »Warte auf diese Nachricht«?

Die Ende-zu-Ende-Verschlüsselung in WhatsApp hat viele Vorteile, kann sich aber nachteilig auswirken, wenn man WhatsApp sehr selten nutzt. Da beide beteiligten Geräte Schlüssel austauschen müssen, müssen sie irgendwann einmal gleichzeitig online sein. Verwendet einer der Chatpartner zwischenzeitlich ein neues Gerät, kann es passieren, dass eine Nachricht, die noch vom alten Smartphone versendet wurde, beim Empfänger erst zu lesen ist, nachdem der Absender den Chatverlauf auf sein neues Smartphone aus einem Backup wiederhergestellt hat und beide Chatpartner zumindest für kurze Zeit gleichzeitig online waren, um die Schlüssel auszutauschen. Davor erscheint diese Meldung: *Warte auf diese Nachricht. Das kann einen Moment dauern.*

In vielen Fällen handelt es sich dabei auch um unbekannte Absender, denen eine früher verwendete Nummer vergeben wurde.

Unbekannte tauchen in der Chatliste auf

Da die Mobilfunknummern knapp sind, vergeben die Netzanbieter Nummern von abgemeldeten SIM-Karten schnell wieder weiter an neue Kunden. So kann es passieren, dass Sie nach der Anmeldung bei WhatsApp auf einmal in irgendwelchen unbekannten Gruppen sind oder Nachrichten von Personen erhalten, die Sie nicht kennen.

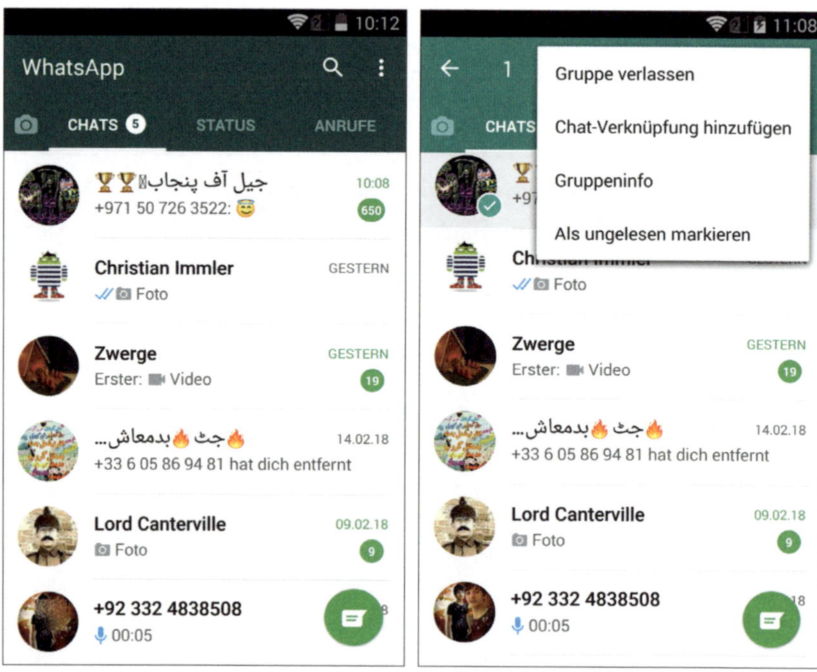

Unbekannte Gruppen und Kontakte beim Verwenden einer neu vergebenen Handynummer.

Da diese auch nicht in Ihren Kontakten gespeichert sind, erscheinen sie in der Chatübersicht nur mit einer Telefonnummer. Manchmal haben Sie auch automatisch ein Profilbild, da dieses noch vom Vorbesitzer der Nummer gespeichert ist.

Markieren Sie die unbekannten Gruppen durch längeres Antippen und wählen Sie dann im Menü die Option *Gruppe verlassen*.

Hat einer Ihrer Kontakte auf einmal ein völlig fremdes Profilbild, fragen Sie sicherheitshalber nach. Auch hier kann es sein, dass die in Ihren Kontakten gespeicherte Handynummer mittlerweile an eine andere Person vergeben wurde. Löschen Sie dann die inzwischen falsche Handynummer aus dem entsprechenden Kontakt. Meldet sich die Person mit der Nummer weiterhin bei Ihnen, wird sie nur noch als Nummer angezeigt. Zusätzlich können Sie sie bei Bedarf auch einfach blockieren.

WhatsApp blockiert Nummern von Spammern

Handynummern, die sehr oft bei WhatsApp als Spam gemeldet wurden, können von der Nutzung ausgeschlossen werden. Das Gleiche gilt für WhatsApp-Konten, die die Nutzungsbedingungen verletzen. Bei einer Sperrung bekommt der Nutzer eine Meldung: *Deine Telefonnummer ist nicht mehr für die Benutzung von WhatsApp zugelassen.* 72 Stunden nach der Sperrung verschwindet der Kontakt automatisch aus Gruppen und Kontaktlisten der Freunde. Sollten Sie von Ihrem Netzbetreiber eine Handynummer erhalten, die bei einem Vorbesitzer früher einmal von WhatsApp gesperrt wurde, wenden Sie sich per E-Mail an den WhatsApp-Support, um die Nummer wieder freizuschalten.

WhatsApp auf Tablets ohne SIM-Karte

Auf Tablets ohne SIM-Karte können Sie WhatsApp aus dem Google Play Store installieren, nur die automatische Registrierung eines Benutzers wird nicht funktionieren, da diese Geräte keine SMS empfangen können. Es gibt zwei Möglichkeiten zur Lösung:

- Haben Sie ein altes Handy, auf dem nie WhatsApp laufen wird, geben Sie dessen Handynummer auf dem Tablet ein und warten, bis das Handy eine SMS von WhatsApp empfängt. Geben Sie den Code aus dieser SMS auf dem Tablet ein. Danach brauchen Sie das Handy nicht mehr.
- Sie können auch auf dem Tablet in WhatsApp Ihre Festnetznummer eintragen. Da der SMS-Versand an Festnetznummern in den meisten Fällen fehlschlägt, warten Sie die angezeigte Zeit und tippen dann auf *Mich anrufen*. Sie erhalten einen automatischen Anruf auf dem Festnetztelefon. Dabei wird der Code angesagt, den Sie jetzt auf dem Tablet eintippen müssen.

WhatsApp auf Android-Smartphones ohne Google Play Store

Nur Smartphones besonders kleiner Hersteller, die sich keine Google-Lizenz leisten wollen, oder Geräte aus chinesischer Produktion für den dortigen Inlandsmarkt haben keinen Zugang zum Google Play Store, was aber nicht bedeutet, dass auf diesen Geräten keine Apps installiert werden können.

Android bietet im Gegensatz zu iOS und Windows Mobile die Möglichkeit, Apps auch aus anderen Quellen zu installieren.

Uptodown (de.uptodown.com) ist ein unabhängiger App Store, der ausschließlich kostenlose Apps anbietet.

Die Apps werden als APK-Dateien zum Download angeboten, daher können Sie den App Store direkt über den Browser aufrufen. Zusätzlich bietet *Uptodown* auch eine eigene App an. Diese hat den Vorteil, dass Updates installierter Apps angezeigt werden und auf Wunsch auch automatisch installiert werden können. Bei *Uptodown* finden Sie über das Suchfeld die aktuelle Version von WhatsApp.

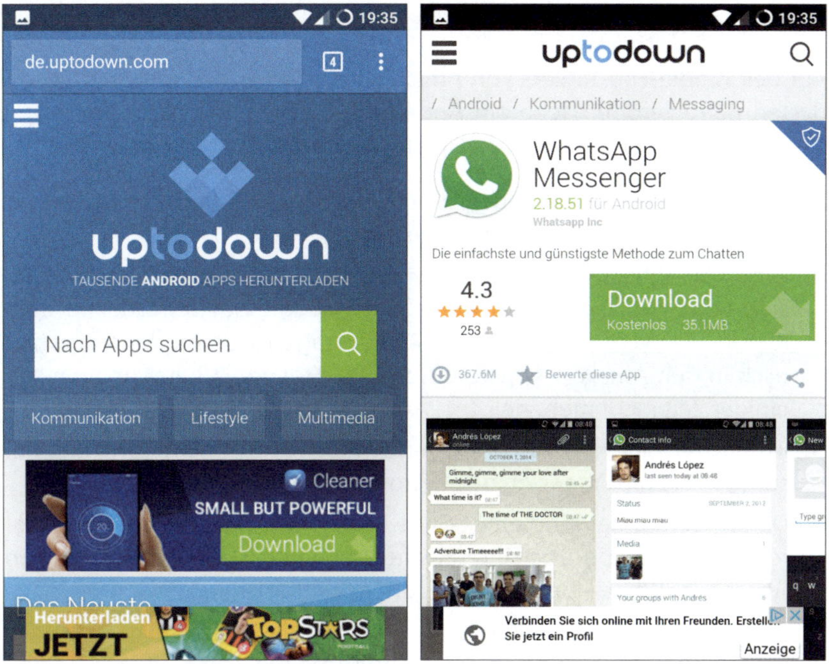

WhatsApp bei Uptodown herunterladen.

Apps aus unbekannten Quellen zulassen

Bei der ersten Installation einer APK-Datei aus einer anderen App, zum Beispiel einem Browser, erscheint ein Hinweis, dass Installationen aus unbekannten Quellen nicht zulässig sind. Direkt aus dieser Meldung besteht Zugriff auf die zugehörige Systemeinstellung, mit der man die Installation aus unbekannter Herkunft zulassen kann.

Seit Android 8 Oreo wird die Berechtigung zur Installation unbekannter Apps für einzelne Apps vergeben. Damit wird es leichter möglich, aus einem Browser oder einem App Store eines anderen Anbieters Apps zu installieren. Die automatischen Downloads und Installationen von Werbe- und Spam-Apps aus Spielen heraus bleiben aber unterbunden.

WhatsApp auf dem Kindle Fire

Auf den Kindle-Fire-Tablets von Amazon läuft hinter der komplett veränderten Benutzeroberfläche ein Android-Betriebssystem, auf dem sich – mit Umwegen – WhatsApp installieren und nutzen lässt.

1. Aktivieren Sie als Erstes in den *Einstellungen* unter *Sicherheit* den Schalter *Apps unbekannter Herkunft* und bestätigen Sie die Warnung.
2. Laden Sie WhatsApp bei *Uptodown* herunter. Die offizielle Downloadseite von whatsapp.com verlinkt auf den Google Play Store, der auf dem Kindle Fire nicht vorhanden ist. Alle Anfragen werden dann automatisch in den Amazon Appstore weitergeleitet, wo WhatsApp aber seit einiger Zeit nicht mehr gelistet ist.
3. Installieren Sie WhatsApp aus der Downloadbenachrichtigung und bestätigen Sie die Fragen zu den Systemberechtigungen.
4. Da die Geräte der Kindle-Fire-Serie keine SIM-Karten haben, registrieren Sie WhatsApp über Ihre Festnetznummer (siehe den vorherigen Abschnitt »WhatsApp auf Tablets ohne SIM-Karte«).
5. Da das Kindle Fire standardmäßig kein Google-Konto nutzt, haben Sie keinen Zugriff auf Ihre Kontakte. Starten Sie die App *Kontakte*, wählen Sie im Menü *Einstellungen* und fügen Sie unter *Konten* Ihr Google-Konto hinzu. Die Synchronisation dauert wenige Sekunden. Danach stehen Ihre Kontakte in WhatsApp zur Verfügung.

WhatsApp am PC nutzen

WhatsApp-Nachrichten mit einer richtigen Tastatur zu schreiben, ist deutlich bequemer als auf dem Smartphone – besonders, wenn man sowieso den ganzen Tag am PC sitzt.

WhatsApp bietet zwar im Gegensatz zu den meisten anderen Messengern keine echte PC-Version an, kann aber zusammen mit einem Smartphone, auf dem WhatsApp läuft, am PC genutzt werden.

1. Besuchen Sie im Browser auf dem PC die Seite web.whatsapp.com.

2. Tippen Sie auf dem WhatsApp-Hauptbildschirm auf dem Smartphone auf das Menü rechts oben und wählen Sie *WhatsApp Web*. Scannen Sie jetzt mit dem Smartphone den QR-Code, der auf dem PC angezeigt wird.
3. Erscheint auf dem Smartphone eine Liste mit den zuletzt angemeldeten Computern, tippen Sie auf *Von allen Computern abmelden*. Dann können Sie wieder einen neuen QR-Code scannen.

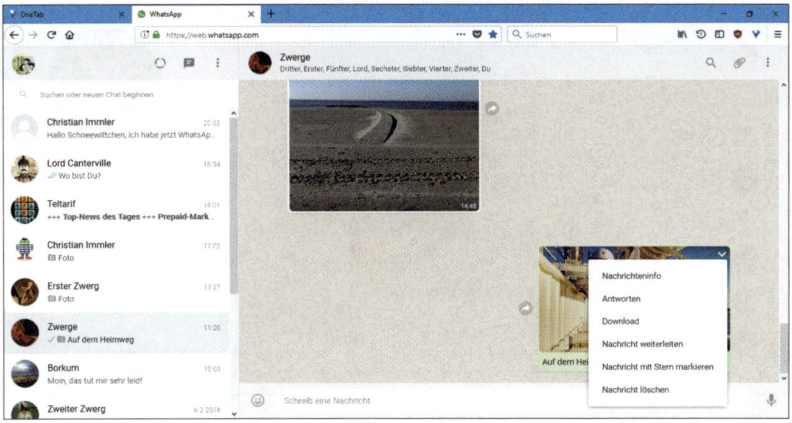

WhatsApp Web im Browser auf dem PC.

Anrufe und Videoanrufe, die Übermittlung des eigenen Standorts sowie das Verfolgen von Live-Standorten anderer werden auf dem PC nicht unterstützt.

Oberhalb der Kontaktliste befinden sich ein Suchfeld für Kontakte sowie ein Menü, das im Wesentlichen die Einstellungen des WhatsApp-Hauptmenüs auf dem Smartphone enthält.

Über das Büroklammersymbol rechts oben im Chatfenster können Dateien vom PC per WhatsApp versendet werden. Sie können die Fotos und anderen Daten auch direkt aus dem Windows-Explorer in den Chat ziehen.

Fahren Sie mit der Maus auf eine Nachricht, erscheint oben rechts ein kleiner Pfeil, der ein Menü mit Funktionen wie *Beantworten* und *Weiterleiten* enthält.

WhatsApp-Desktop-App für Windows 10

Im Windows Store wird eine App *WhatsApp Desktop* für Windows 10 angeboten. Diese entspricht in ihren Funktionen weitgehend der Browserversion. Auch hier ist ein Smartphone zusätzlich erforderlich. Die Verbindung wird ebenfalls über einen QR-Code hergestellt.

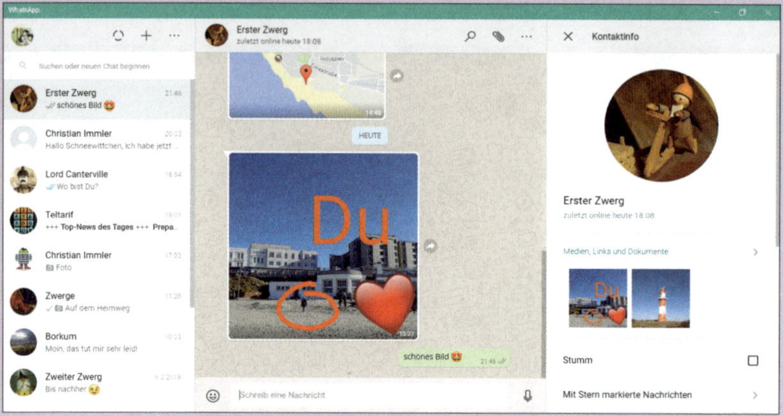

WhatsApp im Ausland – die EU-Roamingverordnung

Nach jahrelangen Diskussionen führte die EU-Kommission am 15. Juni 2017 den sogenannten Euro-Tarif ein, der Telefonieren, SMS und auch mobiles Internet im EU-Ausland zu Inlandskonditionen möglich macht.

Eigentlich müsste es statt EU-Roaming EWR-Roaming heißen, da die gleichen Bedingungen für alle Länder des europäischen Wirtschaftsraums EWR gelten. Das sind außer den EU-Mitgliedsstaaten auch Norwegen, Island und Liechtenstein, aber nicht die Schweiz. Zusätzlich gilt die EU-Roamingverordnung auf den britischen Kanalinseln, die nicht EU-Gebiet sind, in den französischen Überseegebieten, in San Marino und dem Vatikan. Auf Schiffen und Flugzeugen, die satellitengestützte Mobilfunkverbindungen für ihre Passagiere anbieten, gilt die EU-Roamingverordnung nicht.

Die früher extrem hohen Roaminggebühren bei der Nutzung einer deutschen SIM-Karte im EU-Ausland waren für die Netzbetreiber eine gern gesehene Einnahmequelle. Deshalb versuchen viele, die Schlupflöcher im neuen EU-Gesetz geschickt zu nutzen. Bei der Anmeldung eines Smartphones in einem ausländischen Netz erhalten Sie eine SMS, die die genauen Tarifdetails enthält. Lesen Sie diese sorgfältig durch.

Die wichtigsten neuen Regelungen im Überblick

- Datenpakete und Inklusivvolumen können im EU-Ausland wie zu Hause genutzt werden.
- Freiminuten für Telefonie können wie zu Hause genutzt werden, wenn diese netzübergreifend gelten. Community-Flatrates zum kostenlosen Telefonieren zwischen Teilnehmern des gleichen Anbieters (wie z. B. Aldi Talk) gelten im EU-Ausland nicht.
- Telefongespräche aus Deutschland ins EU-Ausland werden wie früher teuer berechnet. Hier gelten die Freiminuten des deutschen Tarifs weiterhin nicht, solange keine EU-Flatrate gebucht ist.

Fair Use Policy

Die sogenannte Fair Use Policy verhindert, dass ein Tarif zum überwiegenden Teil im Ausland genutzt wird. Jeder Anbieter legt diese Richtlinie unterschiedlich aus. Bei einigen muss man nach einer bestimmten Zeit wieder im deutschen Netz angemeldet sein, bei anderen darf nur ein bestimmter Teil des Inklusivvolumens im Ausland verbraucht werden. Die genauen Bedingungen stehen in der SMS bei der Anmeldung im ausländischen Netz.

Diese Fair Use Policy wurde vor allem auf Drängen der deutschen Mobilfunkbetreiber in das Gesetz aufgenommen. Da die deutschen Mobilfunktarife zu den teuersten weltweit gehören, befürchteten die deutschen Netzbetreiber mit Einführung des EU-Roamings Einnahmeeinbußen, wenn Kunden sich SIM-Karten aus anderen Ländern besorgen und diese ohne Zusatzkosten dauerhaft in Deutschland nutzen.

- Alte Roamingtarife gelten weiterhin und werden nicht automatisch umgestellt. Wer früher Roaming für bestimmte Länder gebucht hatte, muss diesen Tarif auch weiterhin innerhalb der EU bezahlen oder auf einen anderen Tarif wechseln.
- Mobilfunkanbieter dürfen Tarife explizit ohne Roaming anbieten. Diese SIM-Karten funktionieren dann nur in Deutschland, das EU-Roaming kann oft gegen Aufpreis freigeschaltet werden.

SIM-Karte im Ausland wechseln, WhatsApp-Nummer behalten

Wenn Sie sich nur für einen begrenzten Zeitraum in einem Land aufhalten, in dem die EU-Roamingverordnung nicht gilt, kaufen Sie sich dort eine Prepaid-SIM-Karte, die im Gegensatz zu Deutschland in vielen Ländern nicht einmal registriert werden muss. Telefonieren und auch Internet sind dann deutlich günstiger, als wenn über die deutsche SIM-Karte Roamingkosten bezahlt werden müssen.

WhatsApp kann, solange nicht für bestimmte Aktionen eine Verifizierung erforderlich ist, mit einer fremden SIM-Karte genutzt werden, ohne dass Sie in Ihren Kontoeinstellungen etwas zu ändern brauchen. Das hat den Vorteil, dass Ihre Freunde Sie weiterhin unverändert als Kontakt behalten und keine neue Handynummer eintragen müssen.

Datenschutz- und Paranoia-Einstellungen

Ob Sie es als Paranoia oder Datenschutz bezeichnen, es mag immer Gründe geben, bestimmte Informationen auf dem Smartphone vor anderen Personen zu verbergen.

In den WhatsApp-Einstellungen unter *Account/Datenschutz* legen Sie fest, wer Ihre *Zuletzt online*-Zeit, das Profilbild, den Infotext und den Status sehen darf. Den Live-Standort sehen ohnehin nur Personen, die ihn im Chat zugesendet bekommen.

Weiter unten finden Sie noch die Liste blockierter Kontakte, um einzelne Personen wieder freizuschalten.

Sie können auch die blauen Häkchen zur Lesebestätigung ausschalten. Bedenken Sie dabei aber, dass Sie dann auch selbst keine Lesebestätigungen bei Ihren Chatpartnern mehr sehen. Das Gleiche gilt beim Ausschalten der *Zuletzt online*-Zeit. Wer diese abschaltet, sieht auch diese Information bei anderen Personen nicht mehr.

Sicherheits-Benachrichtigungen

Die Ende-zu-Ende-Verschlüsselung von WhatsApp benötigt auf jedem beteiligten Smartphone einen Schlüssel, den WhatsApp aber selbst verwaltet, sodass Sie sich darum nicht zu kümmern brauchen. Wenn Sie in den WhatsApp-Einstellungen unter *Account/Sicherheit* den Schalter *Sicherheits-Benachrichtigungen anzeigen* aktivieren, bekommen Sie eine Benachrichtigung, wenn sich der Sicherheitsschlüssel eines Kontaktes ändert. Dies ist immer dann der Fall, wenn die Person WhatsApp neu installiert oder ein anderes Smartphone verwendet.

Verifizierung in zwei Schritten

Theoretisch kann jemand, der kurzzeitig Zugriff auf Ihr Smartphone hat, sich mit Ihrer Handynummer auf einem anderen Smartphone bei WhatsApp registrieren und Sie so selbst aussperren, da immer nur ein Gerät auf eine Handynummer registriert sein kann. Die andere Person bekommt dann alle Ihre Nachrichten und kann sich als Sie ausgeben, bis die Kontakte die Sache merken.

Schalten Sie in den WhatsApp-Einstellungen unter *Account* die *Verifizierung in zwei Schritten* ein, können Sie eine PIN festlegen, die jedes Mal eingegeben werden muss, wenn WhatsApp mit Ihrer Handynummer neu registriert wird. Legen Sie noch eine E-Mail-Adresse fest, an die Sie die PIN geschickt bekommen, falls Sie sie vergessen.

WhatsApp funktioniert in öffentlichen WLANs (manchmal) nicht

Bei Nutzung öffentlicher WLANs kommt es immer wieder vor, dass WhatsApp meldet, es könnten keine Nachrichten gesendet und empfangen werden. Die meisten öffentlichen WLANs benötigen eine Browseranmeldung, bei der auf einer speziellen Anmeldeseite die Nutzungsbedingungen bestätigt werden müssen, obwohl das WLAN nach außen offen und unverschlüsselt erscheint. Die Nutzung des Webbrowsers funktioniert in einigen Fällen unbeabsichtigt trotzdem. Besonders häufig tritt das Problem bei Telekom-Hotspots auf, da es hier kostenpflichtige und freie gibt, die alle die gleiche SSID verwenden.

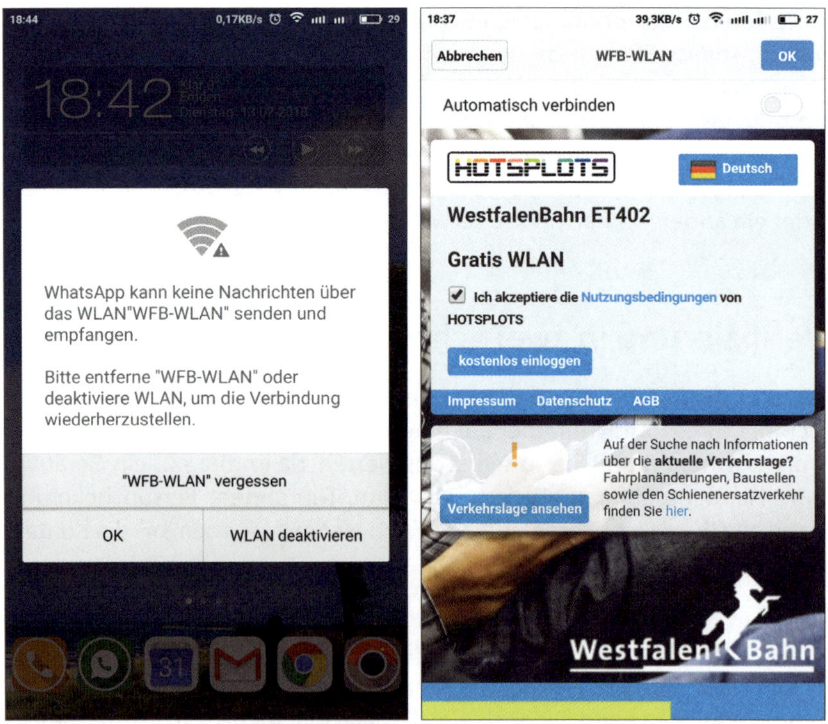

Anmeldung in einem öffentlichen WLAN.

Melden Sie sich auf der Anmeldeseite an, können Sie danach WhatsApp über das WLAN nutzen. Funktioniert diese Anmeldung nicht, tippen Sie in der Meldung von WhatsApp auf *"..." vergessen*, um dieses WLAN zu ignorieren und ein anderes zu versuchen, oder auf *WLAN deaktivieren*, um das Mobilfunknetz zu verwenden.

WhatsApp auf aktuellem Stand halten

Wie alle Apps wird WhatsApp regelmäßig aktualisiert, wobei viele Updates auch neue Funktionen mitbringen. Ältere Versionen unterstützen irgendwann nicht mehr den vollen Funktionsumfang oder können sogar gar nicht mehr auf den WhatsApp-Dienst zugreifen.

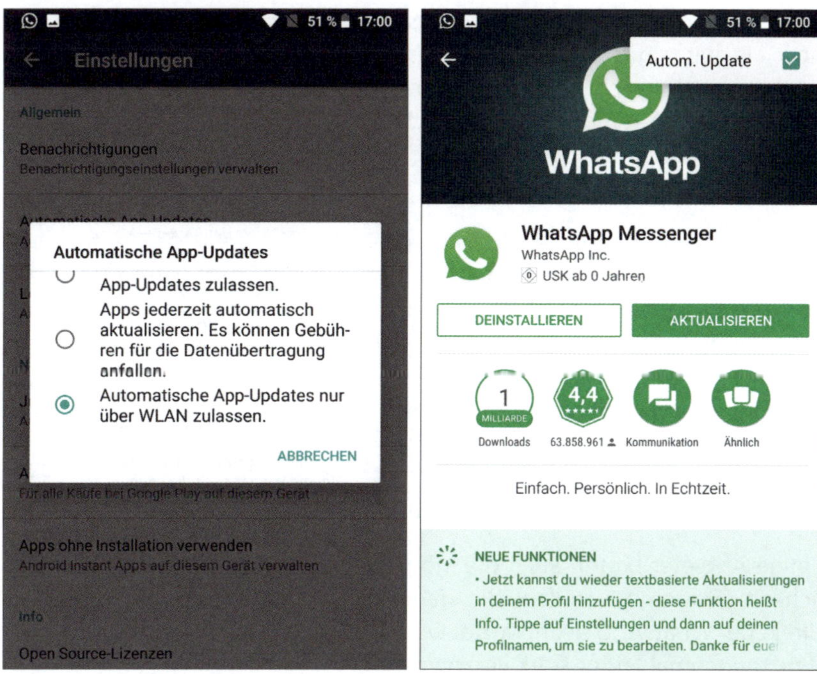

Automatische Updates über WLAN aktivieren.

Schalten Sie in den Einstellungen des Google Play Store die automatischen Updates ein. Um Datenvolumen zu sparen, sollten Sie die Updates nur über WLAN zulassen. Achten Sie auch darauf, dass das Häkchen für automatische Updates bei WhatsApp im Google Play Store gesetzt ist. Hiermit können Sie die automatischen Updates für einzelne Apps bei Kompatibilitätsproblemen abschalten.

+++ SO GEHT'S AUF DEM IPHONE +++

Achten Sie darauf, dass in den iOS-Einstellungen bei *WhatsApp* der Schalter *Hintergrundaktualisierung* eingeschaltet ist.

WhatsApp-Newsletter von Firmen

Immer mehr Firmen erkennen WhatsApp als wichtiges Kommunikationsmedium und verschicken aktuelle Informationen nicht mehr ausschließlich als E-Mail-Newsletter, sondern auch per WhatsApp.

Die Firmen veröffentlichen dazu eine Handynummer, die als Kontakt auf dem Smartphone gespeichert werden muss. In einigen Fällen reicht das bereits aus, um die Nachrichten zu erhalten. Einige erwarten noch eine kurze Nachricht, wie zum Beispiel *Start*, um den Nachrichtenversand zu starten, oder *Stop*, um ihn wieder zu beenden.

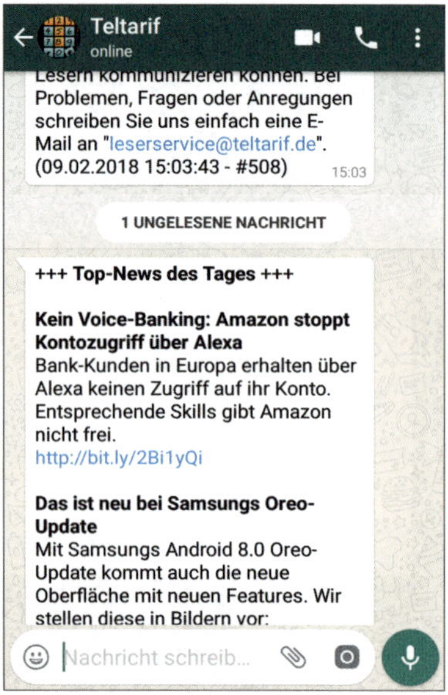

Beispiel für kommerzielle WhatsApp-Newsletter.

Einige Anbieter bieten auch die Möglichkeit, Fragen zu stellen, die dann direkt per WhatsApp beantwortet werden, manchmal leider stark verzögert. Sollte eine unseriöse Firma weiterhin Nachrichten schicken, auch wenn Sie diese abbestellt haben, können Sie den Kontakt einfach wie jeden anderen blockieren.

WhatsApp-Konto löschen

Wenn Sie Ihr Smartphone wechseln oder eine neue Handynummer verwenden, können Sie die Daten in Ihrem WhatsApp-Konto ändern und WhatsApp normal weiterverwenden. In seltenen Fällen, zum Beispiel wenn eine Person verstorben ist, kann es sinnvoll sein, das WhatsApp-Konto komplett zu löschen. Beim Löschen wird die Person aus allen Gruppen entfernt, und die Handynummer erscheint auch nicht mehr in den Listen der WhatsApp-Nutzer, auch nicht, wenn sie jemand in seine Kontakte aufnimmt. Registriert später jemand anders mit dieser Handynummer ein WhatsApp-Konto, lässt sich auch der Chatverlauf aus der Datensicherung nicht mehr wiederherstellen, selbst wenn man Zugriff auf das Google-Konto des ehemaligen Nutzers hat.

Um ein Konto zu löschen, tippen Sie in den WhatsApp-Einstellungen unter *Account* auf *Meinen Account löschen*. Zur Sicherheit müssen Sie noch die registrierte Handynummer eingeben, bevor die Daten endgültig und unwiderruflich gelöscht werden.

Zusatztools und Fake-Apps

Viele Hersteller mehr oder weniger seriöser Apps setzen auf den guten Namen WhatsApp, um ihre Apps zu verbreiten. Dementsprechend viele Treffer findet man im Google Play Store bei der Suche nach *WhatsApp*.

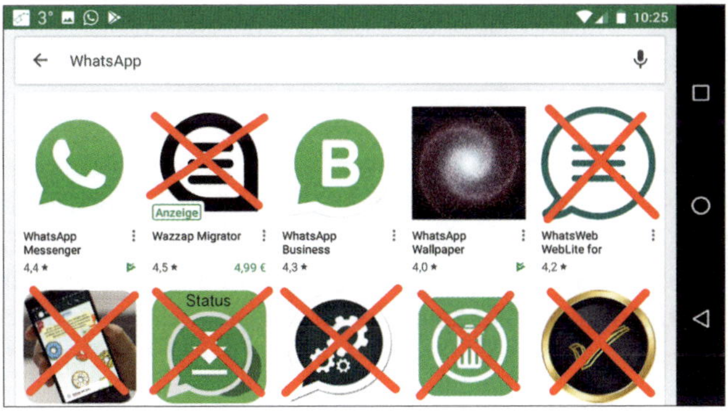

Ergebnisse bei der Suche nach WhatsApp im Google Play Store.

Der Hersteller WhatsApp Inc selbst liefert nur drei Apps, die alle kostenlos sind. Wirklich brauchen Sie nur den *WhatsApp Messenger*. Die in Kapitel 9 im Abschnitt »Hintergrundbilder« erwähnten *WhatsApp Wallpaper* sind eine nette, aber nicht nötige Ergänzung. *WhatsApp Business* ist ausschließlich für geschäftliche Nutzer vorgesehen, die über WhatsApp mit ihren Kunden kommunizieren. Von allen anderen Suchergebnissen sollten Sie besser die Finger lassen.

Gerücht: WhatsApp wird kostenpflichtig

Immer wieder mal verbreitet sich eine Nachricht, WhatsApp würde kostenpflichtig, rasant im Netz. Nichts davon ist wahr. Im Gegenteil: Mit der Übernahme durch Facebook im Jahr 2014 kündigte WhatsApp an, kostenlos zu bleiben und die ehemaligen Aufforderungen an Nutzer, nach dem ersten Jahr einen Kleinstbetrag zu bezahlen, abzuschalten.

WhatsApp-Spam – Ute Christoff ;-)

Zombies leben ewig und Kettenbriefspam mit sinnlosen Inhalten noch länger.

Bei der abgebildeten Meldung handelt es sich um einen klassischen Hoax, eine Falschmeldung, die gern für wahr gehalten wird. Die Namen in den Nachrichten ändern sich immer mal wieder, die Inhalte bleiben aber völliger Unsinn. Allein die zahlreichen Rechtschreibfehler sollten Sie stutzig machen.

Löschen Sie solche Nachrichten einfach kommentarlos. Und falls Sie Freunde mit den Namen Ute Christoff, Ute Lehr, Marcel Hohmann, Christian Wick oder Domenik Beuting kennen oder gar selbst so heißen ... keine Angst, Sie sind nicht gefährlich, WhatsApp kennt keine Viren, Freunde fressen sich nicht durch Listen und ein Handy hat keine Festplatte.

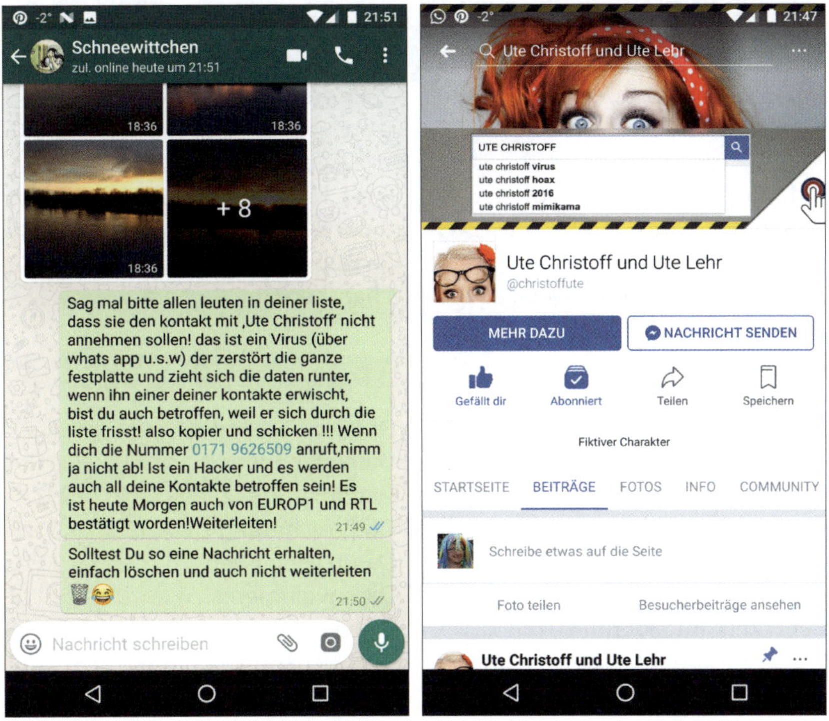

Die altbekannte Falschmeldung und Ute Christoffs Fanseite auf Facebook.

In diesem Sinne, viel Spaß mit WhatsApp!

Christian Immler und das Markt+Technik Team

A

Adressbuch 93
Amazon Appstore 144
Android 10
Anruf 82
 mit Textnachricht antworten 84
 verpasst 83
App-Berechtigungen 14
Apps aus unbekannter Quelle 143
App-Shortcuts 58, 95
Archivieren 137
Audio versenden 74

B

Benachrichtigung 25, 120
 stummschalten 89
Benachrichtigungsleiste 26
Benutzerkonto identifizieren 15
Bildausschnitt 52
Bilder 50
 bearbeiten 51
 Standort 53
 teilen 61
 versenden 50
 weiterleiten 59
Bilderblock 60
Bildschirmdrehung 28
Bildschirmtastatur 22
Broadcast 116
Browser 10, 144
Büroklammer 73, 74, 75, 91

C

Chat 7
 als ungelesen markieren 45
 archivieren 137
 leeren 134
 löschen 134
 per E-Mail senden 135
Chatübersicht 43
Chatübersicht, Kamera 56

D

Dateien versenden 72
Dateimanager 134
Datenflatrate 82, 127
Datensicherung 129
Daten versenden 70
Datenvolumen 125, 127
 sparen 126
 Sprachanruf 82
 Sprachnachricht 78
 Video 65
 Videoanruf 86
Dokumente versenden 72
Download-Statistik 9
Dual-SIM-Smartphone 17
Durchgestrichener Text 40

E

Einladen 95
Einstellungen 118
Emojis 23, 31, 54
Emojis suchen 35
Ende-zu-Ende-Verschlüsselung 139

EU-Roamingverordnung 146
Euro-Tarif 146

F

Fett hervorheben 40
Filter 51
Fotografieren 56
Fotos 50
  aufnehmen 56
  auf PC übertragen 67
  bearbeiten 51
  Bildsymbole einfügen 54
  in Originalgröße senden 51
  komprimieren 51
  Standort 53
  teilen 61
  versenden 50
  weiterleiten 59

G

Gboard 30
GIF 64
Glide Typing 30
Google Assistant 78, 80
Google Backup & Sync 68
Google Drive 68, 73, 129
Google Fotos 66, 98
  WhatsApp-Fotos sichern 133
Google-Konto 12, 144
Google-Konto, Kontakte 87
Google Maps 75
Google Play Store 11
Google Translate 137

GPS 75
Großbuchstaben 22
Gruppe 104
  Administrator 113
  Gruppenmedien 112
  Nachricht löschen 112
  Person direkt ansprechen 108
  Person erwähnen 107
  stummschalten 110
  verlassen 114

H

Häkchen 42
Handynummer
  ändern 138
  in Kontakte übernehmen 93
  neu vergeben 140
Hintergrund 118
Hoax 154
Hochformat 28

I

Installation 10
iPhone 10

K

Kamerafunktion 56
Klingelton 121
Kontakte 21, 87
  blockieren 91
  Medienübersicht 88
  Startbildschirm 94

stummschalten ... 89
suchen ... 24
versenden ... 91
Kursiv hervorheben ... 40

L

Lagesensor ... 53
LED ... 120
LED, Farbe ... 121
Link senden ... 70
Live-Standort ... 75

M

Malstift ... 55
Medien löschen ... 131
Medienübersicht ... 88
Mikrofonsymbol ... 77
Mobilfunktarife ... 127
Monospace ... 40
Musik versenden ... 74

N

Nachricht
an Gruppe ... 106
gelesen ... 43
kommt an ... 25
kopieren ... 38
löschen ... 47
mit Stern markieren ... 43
schreiben ... 21
sprechen ... 80
weiterleiten ... 40
zitieren ... 109
Nicht-stören-Modus ... 122
Event ... 124
Regeln ... 123
Nutzerbasis ... 10

O

Öffentliches WLAN ... 150
Ok Google ... 81
OneDrive ... 68, 73

P

PC ... 144
Pop-up-Benachrichtigung ... 122
Prepaid-SIM-Karte ... 148
Profil ... 14, 97
anlegen ... 18
Namen ändern ... 101
persönliche Info ... 100
Profilbild ... 97

Q

Querformat ... 28

R

Roaming ... 127, 146
Ruhemodus ... 122

S

Seite senden ... 70
Smartphone
Nummer herausfinden ... 17

ohne Google Play Store 142
wechseln 139
Smiley 23, 31
SMS-Bestätigung 16
Sonderzeichen 23
Spam 154
Spam melden 91
Speicherkarte 129
Speicherplatz freigeben 131
Sperrbildschirm 25
Sprachanruf 82
Sprachnachricht 77
Sprachsteuerung 78
Standort 53
live 75
versenden 75
Startbildschirm 13
Statistik 8
Statistik, Datenverbrauch 126
Status 102
Status, Datenschutz 103
Stern 43
Suchen 46

T

Tablet 141
Tastatur 22
Emojis 31
wischen 29
Telefonieren ins Ausland 82
Textauszeichnung 41

U

Übersetzen 137
Umlaute eingeben 22
Unbekannte Person 140
Ungelesen 45
Unicode 36
Updates 151
Uptodown 142
USB-Kabel 69

V

Verifizierung 18
Verifizierung in zwei Schritten.. 149
Verpasste Anrufe 83
Videoanruf 86
Videos versenden 65

W

Warte auf diese Nachricht 140
WhatsApp am PC 144
WhatsApp Business 154
WhatsApp Desktop 146
WhatsApp-Konto löschen 153
WhatsApp Recorder 74
WhatsApp Wallpaper 118
WhatsApp Web 145
Wortvorschläge 28

Z

Zwischenablage 37